掌尚文化

SALUTE & DISCOVERY

致敬与发现

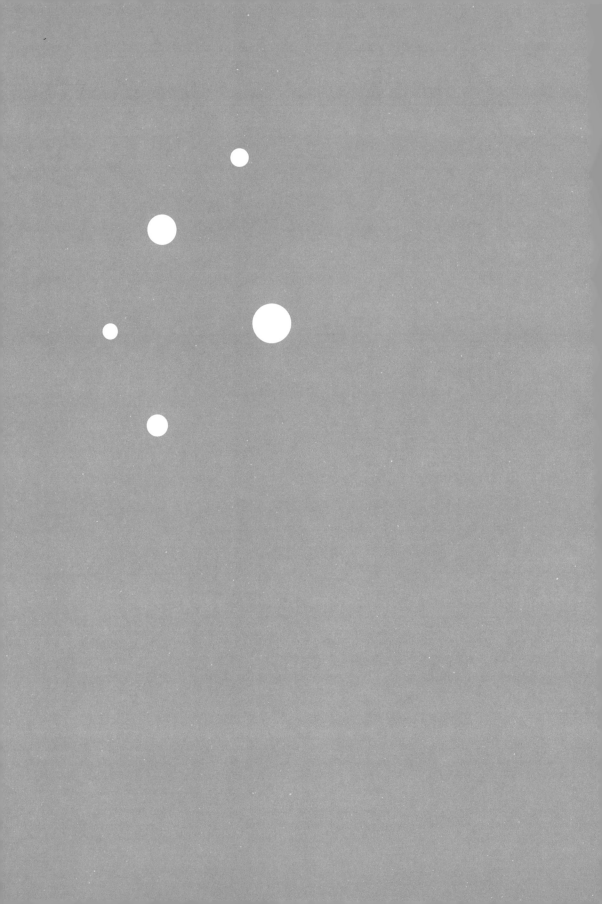

Technology and System:
Power Supervision in the
Big Data Era

在技术与制度之间：
大数据时代的权力监督

黄其松 俞洋 李昂 等◎著

经济管理出版社
ECONOMY & MANAGEMENT PUBLISHING HOUSE

图书在版编目（CIP）数据

在技术与制度之间：大数据时代的权力监督／黄其松等著. —北京：经济管理出版社，2019. 12

ISBN 978-7-5096-5939-7

Ⅰ. ①在… Ⅱ. ①黄… Ⅲ. ①数据处理—应用—交通—运输管理—案例—贵阳
Ⅳ. ①U495

中国版本图书馆 CIP 数据核字（2019）第 280872 号

组稿编辑：宋　娜
责任编辑：张　昕　杜羽茜
责任印制：黄章平
责任校对：赵天宇

出版发行：经济管理出版社
　　　　　（北京市海淀区北蜂窝 8 号中雅大厦 A 座 11 层　100038）
网　　址：www. E-mp. com. cn
电　　话：（010）51915602
印　　刷：唐山昊达印刷有限公司
经　　销：新华书店
开　　本：720mm×1000mm /16
印　　张：11
字　　数：159 千字
版　　次：2020 年 10 月第 1 版　　2020 年 10 月第 1 次印刷
书　　号：ISBN 978-7-5096-5939-7
定　　价：98. 00 元

　　党的十八届三中全会明确全面深化改革的总目标是完善和发展中国特色社会主义制度，推进国家治理体系和治理能力现代化。随着信息技术的发展，大数据时代悄然来临，它正改变着人们的生产和生活方式，且已经成为人类社会发展不可阻挡的时代潮流。面对新时代，政府治理方式也应顺应时代发展。2015 年 8 月 31 日，国务院印发《促进大数据发展行动纲要》（国发〔2015〕50 号），明确要求将大数据作为提升政府治理能力的重要手段，通过高效采集、有效整合、深化应用政府数据和社会数据，提升政府决策和风险防范水平。当前，运用大数据推动经济发展、完善社会治理、提升政府服务和监管能力正成为一种趋势。如何充分利用大数据提高政府治理效率、降低行政运行成本、提升政府治理能力，已成为各级地方政府全面推进治理现代化建设面临的重要课题。

　　2015 年以来，贵阳市公安交通管理局依托大数据技术，加快网上政务建设，把能够纳入网络的行政权力全部纳入网络运行，通过制定统一的数据技术标准，优化、细化、固化权力运行流程和办理环节，合理、合法地分配各项职责，实现网上办公、网上审批、网上执法，权力运行全程电子化、处处留"痕迹"，让权力在"数据笼子"里清晰、透明、规范地运行，并置于社会公众的监督之下。贵阳市公安交通管理局实施的"数据铁笼"计划，充分运用大数据技术编制制约权力的"数据笼子"，使权力监督更加科学、主动和透明，工作效率得到大幅提升，实现了对权力运行的全领域、全流程和全天候监管，真正管住了人、事、权，正逐步创造出有别于传统政府管理的治理现代化新机制、新模式。及时、准确、全面、系统地总结贵阳市公安交通管理局的新探索、新实践、新经验，提炼、提升、推广贵阳市公安交通管理局的新模式，不仅有助于进一步推进贵阳市公安交通管理局、贵阳市乃至贵州省的"数据铁笼"新实践，也有助于为推进政府治理体系和治理能力现代化贡献贵州经验。或许新实践将会为理论创新带来新的机遇。同时，创造性的实践不仅需要经验的总结，更需要理论的解释。

基于此，本书从权力的产生、运行及监督全过程，紧紧围绕贵阳市公安交通管理局"数据铁笼"的探索实践，综合运用文献法、观察法、访谈法、内容分析等多种研究方法，重点剖析贵阳市公安交通管理局的"数据铁笼"计划，通过对实践经验的分析，旨在探讨大数据时代权力制约和监督的新理论。

全书除结论与讨论外，分为五个章节：

第一章从贵阳市公安交通管理局权力、职责的标准化讨论"数据铁笼"的形成。按照行政权"三事分工"的原则，将贵阳市公安交通管理局的权力划分为决策权、执行权和监督权，并从纵向和横向层面加以分析，以执法人员和机关工作人员履职的关键数据痕迹作为基础，聚焦履职风险点，同时参照标准化的履职程序进行自动比对，由此形成基于履职诚信档案和标准化履职数据的"数据铁笼"。

第二章从"数据铁笼"怎么关住权力出发，讨论贵阳市公安交通管理局履职数据的形成及其运用。在履职行为的数据形成方面，以"酒驾流程"和"家庭号牌办理预约流程"等警员的履职过程为例，着重介绍"数据铁笼"平台对交通管理权和交通执法权的数据刻画；在履职数据的生产过程方面，主要从履职数据采集工具、履职数据的获取与储存进行阐释；在履职数据的监管方面，重点聚焦履职行为、履职过程和履职结果的数据监管。

第三章从"数据铁笼"运行绩效角度讨论其有效性。在对"数据铁笼"运行绩效内涵和特征进行分析的基础上，充分借鉴平衡计分卡（Balanced Score Card，BSC）理论，从财务维度、顾客维度、内部流程维度、学习成长维度四个方面，研究构建贵阳市"数据铁笼"运行绩效的评估框架，采用访谈法、观察法、实地调查等研究方法，在权力监督成本控制、社会公众需求满足、权力运行监督规范、公共服务效能提升等方面对贵阳市公安交通管理局"数据牢笼"的运行进行实际考察，全面系统地揭示其绩效水平。

第四章根据监督制约权力的不同力量来源或主体，将传统的权力监督方式划分为以权力监督权力、以权利监督权力、以社会监督权力三种类型。从监督主体、监督领域、监督力量等方面分析了现行权力监督机制的特征，并指出现行权力监督机制存在的监督权结构失衡、前瞻性监督不力、监督合力不足等问题，提出了贵阳市公安交通管理局"数据铁笼"的第四种权力监督——技术监督。在此基础上，深入分析技术监督的内涵特征、运行机制及其优势，进而探讨技术监督推广的可行性及其限度，包括技术、经济、社会和政策方面的可行性，以及监督机构独立性、监督流程界定、监督数据信息安全、数据监督专业技术人才等方面的局限性。

第五章从成熟性、稳定性及可复制性三个维度开，研究提炼贵阳市公安交通管理局"数据铁笼"的贵阳模式的新探索、新实践。鉴于权力监督的多维性、复杂性、动态性、综合性等特征，本书基于多维学科视角，从政治信任、目标导向、组织维度、运行成本和动力机制五个方面，对贵阳市公安交通管理局"数据铁笼"的权力监督模式进行系统总结，以期进一步完善贵阳市公安交通管理局"数据铁笼"的新思路和新机制。

第一章 "数据铁笼"如何铸就

"数据铁笼" 如何铸就

——贵阳市公安交通管理局履职行为
标准化及其数据化

当人的行为可以用信息数据加以表征，人的行为便留下了数据的痕迹，实现了对数据痕迹的监控也就实现了对人的行为的监控。数据的监控与人的监控之间的差异在于数据通过自动比对来实现，人则受主观因素左右。因此，数据的监控可能更客观，也更容易实现对人的行为的全天候、全过程监控。大数据技术的发展使数据监控公权力成为现实，本书以贵阳市公安交通管理局"数据铁笼"计划为案例，试图呈现权力监督数据化的过程，使权力运行过程可视化，探究权力、人和数据监督之间的互动关系。

本章将介绍"数据铁笼"是如何在交通执法、权力运行及监督等履职行为标准化的基础上，以越权风险点为管控重点，形成履职数据痕迹，并通过自动比对，形成以诚信档案和标准化执法流程为骨架的履职行为数据。本章将梳理贵阳市公安交通管理局的既有职责权力，按照行政权"三事分工"的原则，将政府组织框架划分为决策、执行和监督三种类型的权力，并从纵向和横向两个维度进行分析。贵阳市公安交通管理局的决策权，主要从决策权形成的组织结构特征、决策产生的程序，以及决策的执行和成效方面加以分析；贵阳市公安交通管理局的执行权，主要梳理贵阳市公安交通管理局所具有的权力清单和类型，了解其权力执行组织架构，以及权力执行主体末端的个体化特征和风险等，同时重点关注其执行的成效和监督空间；贵阳市公安交通管理局的监督权，主要分析其监督机构和组织在全局组织架构内的地位及其有效性，以及监督机构的履职程序和运行情况。同时，以执法人员和机关工作人员履职的关键数据痕迹作为基础，聚焦履职风险点，参照标准化履职程序，自动比对，由此形成基于履职诚信档案和标准化履职数据的"数据铁笼"。

第一节　职能权力结构要素分析

一、行政权三分制理论分析

当前世界各国的行政权发展日益集中，逐渐居于国家权力的主导地位，出现了行政权增强、立法权与司法权削弱的情况。国家行政权渗透进社会生活的各个领域，人们在生命的整个过程都离不开行政机关，行政机关的职权行为越来越与人们生活的方方面面息息相关，进而影响人们生活的幸福感。同时，行政权也与国家安全、稳定、发展密不可分，它几乎无所不在。随着中国特色社会主义市场经济的深入发展，政府依法管理经济和社会生活的广度和深度不断加深，行政权力在国家权力系统中的地位不断凸显。这集中表现在行政机关对经济生活和社会生活的主导和控制上，比如行政许可和审批制度范围的扩大，以及行政机关的行政征收、行政给付、行政调查、行政强制、行政处罚权的扩张对经济、社会生活带来的影响等。行政权的膨胀不仅局限于其自身履职的后果领域，它对立法和司法权领域的影响也越来越大，较为突出的表现是行政法规和行政规章的数量已超过人大立法的数量，并且委托立法越来越普遍。简而言之，在世界各国，行政权在社会生活中发挥的作用越来越重要，行政权异化的风险和后果也越来越大。因此，对行政权的制约，甚至是行政权的自我制约就显得非常重要和紧迫。

当前,政府部门和公共管理研究人员将行政权的自我制约聚焦于"行政自制"机制的探讨和实践上。第一,行政自制的主角是政府自身,是做出行政行为的政府对自身行为的制约,即自己制约自己。第二,行政自制的目标对象是行政权,即集中关注行政权的违法行使或不当行使,防止行政权侵犯人的合法权益。第三,行政自制的具体方式包括自我预防、自我发现、自我遏止、自我纠错等。第四,行政自制是一种积极的行政行为,是政府及公务员在行使行政权之前或之时就已经在主观上具备了自我控制、服务公众的愿望和需要,并在这种愿望和需要的指导下构建自制机制和从事行政行为。第五,行政自制在理念上强调行政主体的自我克制和自我反省,在实践机制上强调行政分权和制约。总体上,行政自制是有赖于行政权本身的分工、协调一致及互相监督来实现。

行政权的"三事分工"成为改革者和实践者探索行政自制实现的途径。"三事分工"是将行政权进一步分工,改变传统体制下政府部门集决策、执行、监督于一体的行政权力运作模式,将行政权力分解为决策、执行、监督三种类型的权力。通过科学化、程序化的制度设计,使这三种类型权力既相互分离又相互制约。

行政权"三事分工"强调行政权的合理配置和制约,将行政管理职能分为决策、执行、监督三种类型。在相对分离的基础上,三者相辅相成、相互制约、相互协调。通过合理分解权力,实现权力的有效制约,使决策更民主科学,执行更透明公正,监督更有效有力,从而使行政权"三事分工"成为遏制腐败源的一种新型体制。行政权"三事分工"还切实强化了政府权力的公共服务性质。因为行政权力三分之后,更加强调广泛的公民参与,推动行政管理的民主化、科学化,通过听证、议政、民意调查、专家咨询、市民参与等行政参与的新方式广泛吸纳民意,在充分论证的基础上形成决策方案,可以从根本上减少决策失误,提高决策水平和决策质量。

事实上,决策权、执行权、监督权的分立是一种管理系统内部的纵向分权,这种纵向的分权管理模式在我国古代曾经达到很高的水平。我国唐代行使最高行政权的机关是三省六部,即中书省、门下省和尚书省;尚书省下设吏、户、礼、兵、刑、工六部。三省的长官侍中、中书令、尚书令相当于秦汉时期的宰相，具有同等地位，各有一定实权。三省分工合作，共同"佐天子而执大政"。这种体制从隋唐确立，迄至明、清，千余年相沿未改。尽管古代这种三省分权制度与现代的行政权"三事分工"有本质的不同，但是在制度设计上仍有许多相似之处，对我们现在的改革仍有启发。其一，在行政效率方面。分权的好处是可以避免因某一部门的个人权力过度集中而造成的种种弊端，而其代价是效率的降低。唐代三省六部制在执行之初一度很不协调：中书出令，门下封驳，两省经常出现分歧，导致行政效率低下。其实，要避免这种分而又合的情况，关键是通过决策过程的公开与民主（例如公开听证制度）。这在封建制的古代中国是不可能实现的，但在今天却完全可以。为保证执行机关的行政效率，唐代还制定"勾检"制度，规定了严格的公文收发、判署权限。此外，还专设"勾检官"监督公文作用的情况。这种"勾检"制度保证了唐朝的行政管理具有较高的效率，很值得今人借鉴。其二，行政监督方面。使决策、执行和监督三者协调合作，更好地发挥其整体效应并不是一件容易的事。从我国古代的情况看，皇帝为保证行政执行系统绝对执行皇权的意志，就不能不使监察监督系统对执行系统施加必要的压力；为了使政府正常运转，又不能不给予执行系统一定的自主权、灵活性和最低限度的权威。然而执行系统和监督系统能够保持平衡且不影响政府工作的时候往往不多。相反，有时还会在朝臣中引起分歧，甚至转变为一个集团与另一个集团的严重对立。其实，让政府接受全体公民的监督，保证决策和执行的公开透明，实行政府信息公开，在每个行政环节都确保公民的知情权、建议权、诉讼权等权利行使渠道的畅通，充分发挥舆论监督和法律监督的作用，才是真正行之有效的监督之道。

需要特别指出的是，如前所述，行政权"三事分工"是行政权的三权分立，它不是一个"权力"问题，它所分的是"事权"而不是"法权"，即将事务管理的权限（包括决策、执行、监督三个权限）相对分离、制约和协调。所以，政府行政部门进行行政权"三事分工"至少有两个着力点。第一个着力点是要实现行政机关的高效运转。传统体制下行政权力过于集中，缺乏权力之间的制衡和对权力的监督，正是腐败行为得以滋生的一个重要因素。只有对权力进行合理分解，才能实现对权力的有效制约，使决策更民主、科学，执行更透明、公正，监督更充分、有力，才能从源头上、制度上遏制腐败。行政权"三事分工"就是要改变政府部门集决策、执行、监督为一体的传统体制，根据自定规则、自己执行、自我监督的行政权力运作模式，将行政管理职能分解为决策、执行、监督三大部分，通过科学化、程序化的制度设计，使这三部分职能在既相互分离制约，又相互协调配合的过程中实现高效运转。行政权"三事分工"改革的第二个着力点是强化了政府权力的公共服务性质。当前政治体制改革的一个重要方面是转变政府职能，推行行政权"三事分工"改革，就是要重新定位政府的职能，使政府从"全能"转变为"有限责任"，从权威命令转变为科学决策，从人治管理转变为依法行政，从"传统部门利益型政府"转变为"现代公共服务型政府"。只有从制度上保证权力与利益脱钩，尽可能消除行政机关谋取部门私利的可能性，才能进一步降低行政成本，大力推进公共财政改革，规范公务员队伍的收入分配，防止公共权力利益化、政府资产部门化、部门收益个人化。

从现在的实践看，行政权作为一种"事权"，将其分为决策、执行与监督三个权限运用于实践，对解决行政权异化产生了积极效果。我国深圳市是最早开始尝试行政权三分制改革和实践的地区。深圳特区政府对行政自制和发展行政控权机制进行了有益尝试。深圳的行政"三事分工"改革旨在建立决策、执行、监督既分离制约又协调高效的行政管理体制，以转变政府职能为核心，以建立新机制为载体并精简机构。深圳已进行了五次政府机构改革，前几轮是解决计划经济向市场经济的转变，现在是解决行政权力如何配置、如何监督的问题。事实上，我国从 1998 年开始的政府机构改革在政府职能转变和行政体制调整方面还需要有更大突破。之所以要推行行政权"三事分工"改革，一个很重要的原因是由于现行政管理体制中"弱政府强部门""政府权力部门化"的弊端是五级政府中普遍存在的现象。造成这种弊端的一个重要的体制上的原因就是决策权和执行权不分。我国的各级政府，既不是单纯的公共人，也不是单纯的经济人，而是兼具两者的双重特性。这使其当内外缺少制约或者监督不力时，便会发生机构膨胀、人员增加、行政成本提升等损社会而利政府的事情。推行行政权"三事分工"改革，其目的是在日趋复杂的国内外环境中有效提高行政质量，也为防止政府借决策、执行、监督职能于一身的方便巧立名目侵害国民。

当然，我们必须看到，深圳推行的行政权"三事分工"改革与唐代的三省分权制的目的截然不同。古代的三省分权制是为了分割相权而设计的，其最终目的是为了保障皇权，加强中央集权，维护其封建统治。因此，无论这种分权制度多么精巧完备，最终都像它服务的皇权一样，无法摆脱消沉没落的命运。但深圳推行的行政权"三事分工"改革，目的却完全不同，其目的是转变政府职能，增加行政透明度，扩大公共参与，让政府各部门及其官员的工作能够更好地为广大人民提供令其满意的公共产品和服务。

二、贵阳市公安交通管理局职能权力的来源

贵阳市公安交通管理局作为一级政府的行政执法和服务机构，其权力来源于宪法及有关法律、法规。具体而言，贵阳市公安交通管理局的职权主要由《道路交通安全法》赋予，它是《道路交通安全法》的具体执法者。

《道路交通安全法》以保障道路交通安全为根本出发点，注重解决道路交通中的突出问题，从交通管理和现实需要的实际情况出发，以方便群众、依法管理为基本原则，凸显以人为本的思想，确立了管住重点、方便一般、简化手续、提高效率的总体思路，并将有关执法权赋予了交通管理部门。具体而言，贵阳市公安交通管理局主要承担了《道路交通安全法》赋予的如下权力和职责①：

第一，贯彻执行国家有关道路交通安全、交通秩序的法律、法规、政策，参与制定全市道路交通安全、秩序的地方性法规、规章、政策。参与

---

① 资料来源于贵阳市公安交通管理局官网［EB/OL］. http：gygov. gov. cn/xxgk/jcms_ files/jcms1/web63/site//art/2017/3/29/art_ 6623_ 1641. html.

研究城市建设、道路交通和安全设施的规划。

第二，负责道路交通秩序的维护和道路交通安全设施的管理，依法打击破坏道路交通安全设施等违法犯罪活动。

第三，参与对涉及交通安全、交通秩序的停车场（库）、车辆停靠站点的规划设置和挖掘、占用道路的审批管理工作。

第四，负责全市机动车辆和非机动车辆道路交通管理和机动车安全技术性能的检测结果的审核工作。负责全市机动车辆号牌证照和驾驶证的申领、发放及驾驶员管理的有关工作。

第五，负责全市道路交通事故的预防和调处工作。指导基层交通安全组织的建设，开展交通安全宣传教育活动。

第六，组织、协调全市道路交通安全警（保）卫工作，履行公路巡逻民警队职责，协调、处置道路上的重大突发事件，协同其他警种维护道路治安秩序，打击车匪路霸。

第七，负责全市交警队伍的思想政治工作、纪律作风建设、宣传教育和业务培训；指导检查和监督公安交通管理部门的执法活动，协助查处违法违纪案件，协助县（市）党委、政府管理县（市）交警大队的领导班子。

第八，按有关规定，严格执行收支两条线的政策，组织对全市交警系统预算外收入和罚没款、物的稽查和审核和依法缴纳进入财政专户工作。

第九，制定全市公安交通管理部门的交通管理科学技术的应用规划，负责交通管理科技的研究和推广。

第十，负责全市道路交通安全的管理工作。

第十一，承办市委、市政府和市公安局交办的其他事项。

当然，赋予了权力，同时也意味着承担了维护全市交通安全和交通秩序的责任，权力本身即是责任与义务，不可偏废。公安交通管理局作为一级政府的职能部门，首先要依法行政、依法办事。法律、法规对公安机关交通管理部门及警察的行为做了具体规定，提出了严格的要求。其次要控制执法的随意性，防止滥用执法权力。随着社会市场经济的不断发展，道路交通活动日益繁多和复杂。这就要求交通管理部门要在依法管理原则的指导和约束下执法，严格按照法律规定的范围、幅度和方式执法，防止执法者执法的随意性和滥用权力自由裁量。最后若执法者违法越权须承担法律责任。作为执法机关的道路交通管理部门要带头守法，监督部门则对执法者进行监督管理，切实保障法律在监管之下合法运行，使交通参与人的合法权益不受侵害，若执法者违法越权，侵犯了交通参与者的合法权益，应当依法承担法律责任。公安交通管理局是《道路交通安全法》最主要的执行机构，依法不断完善组织架构，以及丰富职能服务功能是机构改革创新和回应社会需求的体现。下文将以贵阳市公安交通管理局的内部结构及职能服务功能的内容作为典型案例，分析《道路交通安全法》如何在行政职能部门得以实施和维护。

三、贵阳市公安交通管理局部门权力组织架构

为了保证权力的有效运行，必然需要相应的组织架构。当然，亦如上文对政府部门权力运行的行政"三事分工"的论述，贵阳市公安交通管理局的组织机构运行基本涵盖了行政、执法和监督三个组成部分，三个部分之间在纵向上进行相互配合、横向上实现互相监督，以保障权力的正常运行和服务的高效。从贵阳市公安交通管理局的组织架构来看，可以将其所有部门划分成行政部门、监督部门和决策部门，各部门履行与之相对应的决策职能、行政职能、监督职能。图1-1为贵阳市公安交通管理局管理层级结构示意图，较为完整地呈现了目前贵阳市公安交通管理局的内部组织结构特征以及权力运行结构。

交通管理局所行使的权力来源于《道路交通安全法》，该法也是交通管理局履行职权的准绳和保障。如此，行政执法人员可以做到有法可依、有法必依、执法必严、违法必究。但是，当交通管理局作为一级行政执法部门时，行政"三事分工"是保障其实现高效运转的权力架构。如表1-1所示，我们对贵阳市公安交通管理局各部门的权力按照决策权、行政权和监督权进行归属划分，较为清晰地呈现了各部门如何履行部门职权的同时，也整体性地推动了其全局层面工作的开展。

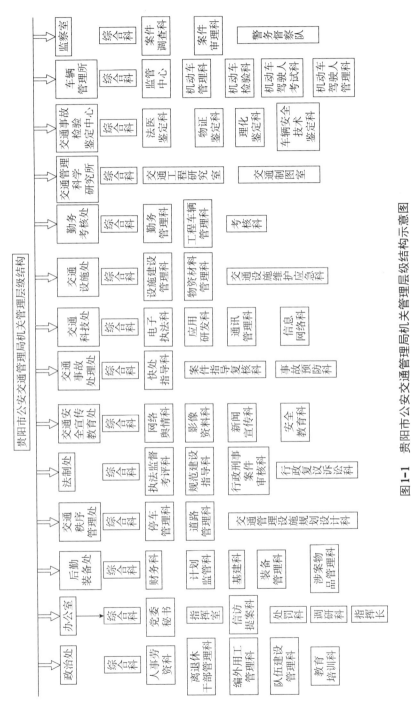

图1-1 贵阳市公安交通管理局机关管理层级结构示意图

注：贵阳市公安交通管理局隶属于贵阳市公安局，机关各业务部门均为正科级单位，各科室为正科级单位，机关下设各业务部门均为正科级单位，各科室为股级单位。

资料来源：贵阳市公安交通管理局；图片由"数据铁笼"课题组绘制。

表 1-1　贵阳市公安交通管理局各直属部门权力属性的归属特征

序号	单位名称	贵阳市公安交通管理局内设单位名称
1	行政单位	政治处、办公室、后勤装备处、交通秩序管理处、法制处、交通安全宣传教育处、交通事故处理处、交通科技处、交通设施处、交通管理科学研究所、交通事故检验鉴定中心
2	监督单位	勤务考核处、监察室
3	决策单位	贵阳市公安交通管理局党组

资料来源：贵阳市公安交通管理局；表格由"数据铁笼"课题组绘制。

　　结合图 1-1 和表 1-1 所呈现的内容，我们可以做以下分析。贵阳市公安交通管理局作为贵阳市政府的一级行政组织，其职能主要维护全市交通秩序和交通安全。基于这一职能特征，其权力组织结构总体上分为决策机构、行政机构和监督机构三个主要组成部分。同时，在此基础上，基于交通管理的需要，又可分为内部的机关事务及外勤服务大队两个部分。

　　由图 1-1 可知，在内部机构中，在局机关党委之下，被分为政治处、办公室、后勤装备处、交通秩序管理处、法制处、交通安全宣传教育处、交通事故处理处、交通科技处、交通设施处、勤务考核处、交通管理科学研究所、交通事故检验鉴定中心、车辆管理所和监察室 14 个科级行政处室。各处室在功能上保障了贵阳市公安交通管理局这一级行政机构在综合运行、政治方向、后勤配备、交通安全宣传、事故处理、事故鉴定、科技研发、依法行政、勤务考核、纪律监督等方面工作的开展和机构正常运行，各处室在纵向上有责任明晰的行政组织体系，而在横向上也能通过制度设计和职责分工实现权力界限清楚与互相合作，以及互相牵制与监督，而这也是一级机构实现为民服务、科学行政、高效行政、清廉行政的职责所需。

　　外勤服务是贵阳市公安交通管理局的主要职能，被分为 12 个科级外勤服务大队，覆盖贵阳市的云岩、南明、乌当、小河、白云、花溪、观山湖辖区，以及环城高速的南环、东环、西环三个大队，加上一个特勤大队和一个案件侦查大队。其中，出于管制交通秩序需要，贵阳市公安交通管理局党委依据管制区域和便于执法的需要对部分大队进行了调整，具体撤销原十大队、十一大队、十二大队，整合原管辖路段至贵阳市公安交通管理与高速公路的交通警察（巡逻民警）支队。事实上，外勤执法大队作为贵阳市公安交通管理局实现职能权力的主要抓手和载体，承担着维持全市交通秩序和安全最关键的工作，也是行政权力实施与服务群众的一线，虽同为科级或副处级部门，但是工作任务繁重，工作要求严格，同时也是接受局机关、法制规范与纪律监督的最主要环节，是实现"数据铁笼"计划和产生效果的关键部分。

第二节　决策权：组织结构与程序特征

决策具有权威性。所有政治意见和利益的表达与维护，主要通过决策予以体现。政府所做的决策和决定只是政府内部的行政性决策和决定，或者说是执行性的决策和决定，涉及国计民生和社会发展的重大决策以及人事决策等都是在中国共产党的领导下，由全国人民代表大会和各级地方人民代表大会做出。这种决策体制不仅保证了政府行政行为的方向性，而且具有受宪法和法律保障的权威性。对于一个政府职能部门的决策而言，其组织结构与程序则和中国的政治体制和行政组织架构紧密联系。

基于中国的政治制度，行政决策权要在党的领导下，贯彻党的路线、方针和政策，行政部门的决策以党支部的决议的形式予以发布和执行。所以，在讨论行政"三事分工"中的决策权时，对党组织对于政府及其职能部门的指导和监督是必须予以关注的。党对政府工作的领导主要体现在政治领导、思想领导和组织领导三个方面，具体而言又从两个方面对政府的决策产生影响。一是直接参与。政府在编制经济文化发展规划和计划，起草政府工作报告，提出议案，出台新的重要方针政策时，一般都事先提到党委进行讨论，经过修改并获得同意后提请人民代表大会审议表决。政府任免一定级别的干部时，事先要经过组织部门的审查，或直接请组织部门拟出名单，由政府审议决定。对于一些经常性的或突发的政治、经济、社会问题与工作，党委和政府往往联名提出指导性的意见或决定。二是间接参与。三是通过党的领导干部在政府中的作用对政府决策发挥影响。各级党委在调查研究的基础上，通过党内的决策程序，就发展问题做出重大决策，并以建议的形式向各级人大及其常委会提出，由后者依据法定程序进行审议。

另外，延伸到政府及其职能内部的决策机制。从以上的分析可以看出，中央政府和各级地方政府的宏观决策已经在党的领导下通过各级人民代表大会做出，各级政府的内部决策实际上是一种执行性的决策，或者称作行政决策。这种决策一般分两种情况：一是政府内部重大事项的决策。这种决策是在调研的基础上，通过咨询和讨论，最后由行政领导班子集体研究做出决定；有些重大问题，还需报经同级党委常委会研究决定。二是一般事务性的决策（决定）。这种决策（决定）一般由行政领导班子讨论，最后由行政首长最终决策。

具体到贵阳市公安交通管理局，其在履行职责过程中的决策权时，首先要将此决策过程当作一个管理的组织过程加以看待。因为，决策的实质是处理信息并进行相应的决策，决策存在于交通行业的各个领域，贯穿于交通发展的各个环节当中，而最终的决策也应是在贵阳市公安交通管理局党委的指导和监督下实现的，基于贵阳市公安交通管理局的组织架构予以执行，并接受局内和党的纪委及社会的监督。当前我国正处于社会经济转型、交通大发展时期。一方面，技术的进步和信息量的剧增，使决策环境和决策问题日趋复杂，参与决策的人员越来越多，各方面的关系越来越复杂；另一方面，面对信息时代日趋激烈的竞争环境和苛刻的发展要求，对决策质量和决策响应速度提出了更高的要求。为此，必须革新传统的决策方法，研究并借助新的技术手段，提高行业信息资源的整合利用能力，强化处理突发事件的应对能力，增强交通行业重大战略快速、科学的决策能力。

目前，交通问题已成为制约城市经济发展、影响居民生活质量提高的社会问题之一。交通问题的缓解虽有不同层次的措施，但依靠正确的决策和合理的规划，才能从根源上遏制交通运行状况的恶化。在城市信息化建设的背景下，运用信息领域的最新理论和应用研究成果对交通规划过程中的决策问题提供技术支持，是提高决策科学性、时效性的必然趋势和要求。基于这一时代背景和理论支撑，贵阳市公安交通管理局致力于建设交通大数据，力图实现大数据在公共交通中的运用。以大数据为核心，构建交通决策支持系统，为各部门及时制定出相应的交通行政法规等提供参考依据。如"数据铁笼"的建构和运行，直观地反映了贵阳市公安交通管理各部门在执法、行政、监督中的具体状况，这为部门主要负责人的决策提供了及时、准确、有效的信息，以推动交通管理局决策最优化。

第三节　执行权：权力的梳理与类型化

　　一般而言，行政组织的执行过程分为准备与宣传、试点与推广、指挥与控制，以及执行评估与总结。而且，执行也是一个组织化的过程，是在执行过程中所进行的各种组织、控制、协调、监督等特定手段发生作用的活动的总称。从决策与执行的关系看，政府决策、执行之间关系的处理，不仅关系到政府决策的质量，而且关系到政府公务人员执行政策的效率。在政府决策与执行不分、"铁板一块"的体制下，必然导致公共行政体制中政治任命官员、政治责任负担过重，以及行政执行因缺乏自主权而质量下降的问题。因此，保持政府决策与执行的相对分离，能使政府决策机构专心于决策制定，提高政府决策的质量。同时，政府执行机构只对具体决策执行负责，拥有更多的行政执行自主权，能够根据组织性质和相对管理优势来决定自己的行为。也就是说，如果执行单位能够摆脱政治的控制，拥有充分的自主权，执行单位的执行质量和效率就会大幅度提高，公共服务的质量就会得到改善，从而达到提高行政执行质量和效率的效果。

　　从交通管理局的执行系统来看，首先其交通执法体系是由交通执法主体结构、法定行政执法职权和义务、行政执法程序和运行机制等构成的有机系统，是一个由多个要素构成的复合体。公安交警部门是交通管理局最为重要的构成部分，同时也是最主要的行政执法单位，它保障现有的道路交通法律法规得到有效贯彻执行，使交通参与者按照既定的规则有序参与交通。区别于我国以往分散式的交通行政执法体制，交通管理局逐步建立综合交通行政的执法体系。交通行政指国家交通行政机关及其工作人员根据国家法律、法规、规章等依法对社会交通事务进行管理。交通行政执法职能所依附的行政机关，是交通管理局的重要组成部分，交通行政机关是国家交通法得以执行的重要机构，交通运输和管理依赖于交通行政执法的顺利施行。行政机构分为外勤执行和内勤服务，外勤行政职能是交通得以正常运行的保证，执法者直接参与；内勤行政执法，使交通管理得以常规化和有序化。交通管理局行政执法职能的依法运行和高效、合理推进，需监督部门的督查，决策部门的正确指导。只有各部门的相互协调配合，交通行政执法部门才能有效地行使职权，调控和驾驭运输市场。

贵阳市公安交通管理局是职能和机构较多的部门，其内部各单位行政执法职责分明，机构之间权责明晰，使交通运输管理过程中职能行使具有高效性、及时性、明晰性等特点。贵阳市公安交通管理局执行层面的组织架构，从机关内部来看，纵向上一项交通事故产生和处理，以及维护交通秩序需要交通秩序管理处、法制处及交通事故处理处等机构属于常规的履职执行部门，通过勤务大队履职才能实现。其中，在纵向上，交通秩序管理处作为维护交通秩序的内部主要部门，由综合科、停车管理科、交通秩序管理科、道路管理科、交通设备管理科。其内部各科室的主要工作内容及标准可参见附表1。交通事故处理处内部由综合科、快处指导科、案件指导复核科及事故预防科组成。其内部各科室的主要工作内容及标准可参见附表2。法制处的内部机构组成包括行政刑事案件审核科、行政复议诉讼科及规范建设指导科构成。其内部岗位职责及标准化流程可参见附表3。外勤务执法大队则由12个大队构成，覆盖整个贵阳市，维护全市交通秩序正常运行，防控交通事故及安全事件的发生，其组织架构如图1-2所示。

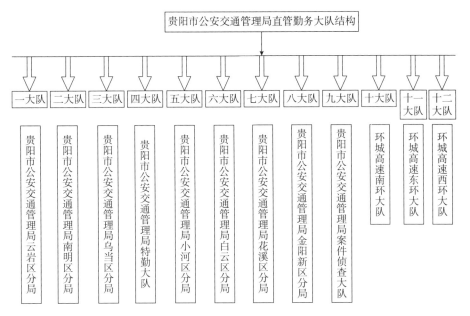

图1-2 贵阳市公安交通管理局直管勤务大队结构示意图

注：根据《贵阳市机构编委会（批复）》（筑编发〔2012〕2号）文件之规定，撤销原十大队、十一大队、十二大队，整合原管辖路段至市公安交通管理与高速公路的交通警察（巡逻民警）支队（副处级）。

资料来源：贵阳市公安交通管理局；图片由"数据铁笼"课题组绘制。

第四节　监督权

一、行政部门内部监督机制

不同国家尽管政治制度不同，但其政府内部的监督机制都有着完善的政府内部监督机制，我国也不例外。政府内部的监督主要有行政层级监督、行政法纪监督、行政审计监督等监督机制。

　　我国的行政层级监督主要有两种形式：中央政府对地方政府的监督和上级官员对下级官员的监督。在我国，中央政府对地方政府的监督的主要原则是既要保证中央有足够的权威来实现统一领导，又要保证地方政府应有的自主性和创造性，从而使中央政府和地方政府两方面的积极性都得到充分发挥。中央政府对地方政府的监督主要是对人事的监管和对财政按实际情况分类的监管。在上级官员对下级官员的监督方面，我国主要是严格贯彻"党管干部"原则，实行集体领导基础上的行政首长负责制，上级对下级实行行政绩效考核。近几年来，由于实行干部竞争上岗制度的改革，下级对上级的监督也在不断加强。

　　行政法纪监察主要是政府在行政系统内部设置专门的检查监督机构，监视、调查和纠举政府部门及其公务员，以及其他公职人员在执行国家政策、法律法规、国民经济和社会发展计划的过程中是否存在或可能发生违法违纪的行为，以确保行政管理的廉洁、公正和高效。我国自1987年下半年开始，国务院逐步在县以上政府和一些机构、单位恢复设置监察部门，用以改善行政、提高效能、督促公职人员勤政廉政。根据我国现行的《行政监察法》的有关规定，监察机关是人民政府行使监察职能的专门机构，负责对国家行政机关及其工作人员和国家机关任命的其他人员执行国家法律、法规、政策和决定、命令的情况以及违法违纪行为进行监察。监察机关对本级人民政府和上级监督机关负责并报告工作，在监察业务上受上级监察机关领导。监察机关依照国家法律、法规和政策独立行使职权，不受其他行政机关、社会团体和个人的干涉。监察机关的主要职权有：执法检查权；调查权；受理控告、检举和申诉权；建议权、决定权和处理权。

　　行政审计监督是国家审计机关根据法律、法规的授权，独立审核和稽查有关政府部门或公共组织的财政、财务收支会计账目，监督其财政、财务收支的真实性、合法性和效益。我国审计机关对政府审计的职责主要是：对本级政府各部门和下级政府预算的执行情况和决策，以及预算外资金的管理和使用情况进行审计。审计署在国务院总理的领导下，对中央预算执行情况进行审计；地方各级审计机关分别在本级行政首长和上一级审计机关的领导下，对本级预算执行情况进行审计。

二、交通管理局的内部监督职能

执法监督是指负有监督职责的国家机关对行政主体实施行政执法的行为是否符合行政法律规范进行监察与督促。交通管理监督是国家监督系统中的一个子系统，其本质目的是及时处理发现的问题、防止出现事故、维护良好的政治生态。《道路交通安全法》专门用一个章节来阐述交通执法监督体系，详细地规定了行政执法人员及机关的职责体系，强调监察机关对行政执法人员的监督作用和违法行为的查处。为保证交通运输和管理的顺利运行，贵阳市公安交通管理局依据《道路交通安全法》，将交通监督职能和监督机构作为部门的主要组成部分，为提高交通运行效率，并对监督职能和机构进行了明确的划分，形成了一支权责分明、管理明确、有效运行的交通监督队伍。

交通管理局所执行的法律源于《道路交通安全法》。在完善监督制度方面，交通管理局以该法为参照依据设置了相应的规定：一是重视社会的监督作用，将对交通管理的执法监督纳入社会的整体监督体系中；二是加强内部的层级监督和督查监督；三是建立健全监督机制和各项制度，该法还设定了相应的法律责任[①]：

第一，从加强队伍建设入手，规定公安机关交通管理部门应加强对交通警察的管理，提高交通警察的素质和管理道路交通的水平。加强对交通警察的培训考核。

第二，规定交通警察执行职务时应当保持警容严整，举止端庄，指挥规范。

第三，规定公安机关交通管理部门及其交通警察的执法必须依照法定的职权和程序，简化办事手续，做到公正、严格、文明、高效。

第四，针对超标收费、罚款不上缴或者不完全上缴的现象，规定必须

---

① 公安部交通管理局. 道路交通管理法规汇编（2014年版）［M］. 北京：中国人民大学出版社，2014：19.

标准收费、罚款分离，罚款以及依法没收的违法所得，全部上缴。

第五，规定交通警察处理违法行为和交通事故时的回避制度。

第六，规定任何单位不得给执法部门下达或变相下达罚款指标；公安交通执法部门不得以罚款作为考核警察的指标。

第七，交通管理各部门及交通警察有违法行为的，给予相应的行政处分等。

第八，交通警察必须接受行政监督、公安机关内部督查和上级对下级的层级监督以及社会公众的监督，并规定群众可以举办、检举、控告，而收到举报、检举、控告的机关，应当按照职责分工及时查处。

从贵阳市公安交通管理局内部的组织架构来看，贵阳市公安交通管理局党委既具有决策的功能，又具有监督的功能，并主要负责交管局重大事项的决策和监督执行；具体的日常监督和监察工作则由勤务考核处和监察室来完成。勤务考核处由综合科、勤务管理科、工程车辆管理科及考核科组成。各科室的职能及标准化工作流程参见附表4，监察室由综合科、案件审理科、警务督察队组成。各科室内部的职能及标准化工作流程可见附表5。所以，在这三个主要监督部门的共同协作下，以及相应的社会监督参与其中，贵阳市公安交通管理局常规的监督工作得以完成，使权力运行公正廉洁，其行政权力和履职的顺利执行，维护了全市交通秩序的畅通有序。

三、权力监督的类型及其困境

要实现权力的运行在法定的范围内运行，必然需要对权力本身加以监督。传统的权力监督方式采取权力对权力、权利对权力以及社会对权力三种方式实现对权力进行监督。但是由于权力的运行本身具有伪装的特征，会在时间维度上出现事前监督和事后监督的被动局面，在空间上形成以下级监督上级权力或平级监督等局面，造成权力在"黑箱"中运行的尴尬局面。所以，极力去探索一种对权力实现过程的监督，在常规条件下较难实现，而目前大数据和云计算的发展为这一探索带来了可能。

权力的运行时常是不被感知的，当我们真切地感知到权力作用于自身时，权力就会变得赤裸裸，甚至被认为是一种暴力，反而阻碍权力的有效运行。在格莱德希尔那里，权力的运行是需要伪装的，以保证其有效运行而被明显感知。① 甚至，当前部分学者也在试图说明权力的运行越来越从直接的武力支配转向通过知识或者话语等形式的间接支配，作为社会及文化转型的表现形式。② 但是，随着现代信息科技的发展，以及以大数据信息技术发展为标志的信息科技运用于公共治理领域，将权力的运行留下数据的痕迹，权力的运行由隐身变得可视化和透明化。③ 因此，我们选取贵阳市公安交通管理局的"数据铁笼"计划作为案例，尤其以酒驾查处过程中的数据监督过程作为分析重点，呈现公共权力是如何通过信息数据的监督促进其规范化、标准化和数据化运行，进一步将公权执行者的行为纳入由数据编织的信息化监督体系当中，从而切实实现将权力关进数据的"笼子"里。

公共权力的存在及其运行的可持续性，其根源在于人们的权力让渡及共同的利益追求，公权力运行的有效性则离不开强力监督的保驾护航。目前，依赖于人及其设计的制度规范是目前的主要监督方式，但是组织架构的科学性和主观因素常常阻碍该监督方式发挥效果。在公权力的执行及监督领域，鉴于此，贵阳市公安交通管理局以大数据信息技术为支撑进行了政府公共治理能力提升的有益探索实践。目前，贵阳市交通管理局涉及交通安全管理领域所具有的公共权力总计含 8 大类 490 余项权力。自然，这些权力来源于宪法及人民赋予，并且贵阳市公安交通管理局作为一级司法行政组织，最核心的责任在于执行和维护《道路交通安全法》的实施。从该局的组织架构及权力运行程序上看，传统运行方式让一些由主观因素而引起的管理风险容易发生，核心在于权力的运行不留痕迹、隐蔽性强、难

---

① 约翰·格莱德希尔. 权力及其伪装：关于政治的人类学视角 [M]. 赵旭东译. 北京：商务印书馆，2011.

② 赵旭东. 从社会转型到文化转型——当代中国社会的特征及其转化 [J]. 中山大学学报（社会科学版），2013（3）：111-124.

③ 据维基百科的定义，大数据是指其所涉及的资料规模巨大到无法通过目前主流软件工具，在合理时间内获取、管理、处理并整理成帮助企业经营决策目的的资讯。

以监控，容易导致权力腐败的发生。

第五节　履职过程的标准化与信息化

　　本节将探讨贵阳市公安交通管理局的履职过程的标准化及其信息化过程，探析"数据铁笼"编制的逻辑。从而可以看到数据是如何实现对决策、执行和监督三项行政权进行自动对比监督的。通过"数据铁笼"平台的运行，在行政权监督方面切实改变过去靠人管理、靠人监督、靠人执行的传统模式，变人为监督为数据监督、变被动监督为主动监督。通过大数据的方式管住了人、管住了事，也管住了权，真正实现了"人在干、数在转、云在算"。

一、权力运行的标准化塑造

　　决策权、执行权及监督权"三事分工"是行政职能得以有效履行的理想制度框架，而且也是目前行政机关改革的目标。在行政权"三事分工"中，监督权显得尤为重要，它是行政机关内部的监督力量，是直接的，同时也是容易失效的。所以，探索行政机关内部监督权的有效实施方式显得尤为重要，而通过大数据平台来实现对行政权中的决策权、执行权和监督权的监督则是实现这一目标的有益实践。但当人的行为和观念可以用数据加以表征出来的时候，则意味着行为本身就有了因数据记录而来的可视化轨迹，同时权力就被可视化了，也存在了被监督的可能。

　　上文将行政权分解为决策、执行和监督三个部分，并对贵阳市公安交通管理局的组织架构和标准化的权力运行路径进行了梳理，为构建权力控制的前提打下了基础。于是，下文在基于科技发展的前提下，探求对权力的有效监督。首先对权力的运行进行标准化的构建和梳理，并加以数据化和信息化，其次对行政权执行主体的行为进行数据化和信息化，将行政权执行主体产生的动态数据和信息与行政权运行的标准化程式进行自动测算和比对，从而实现对权力的运行过程跟踪和监督。

贵阳市公安交通管理局作为一级行政执法部门，是维护全市交通秩序和交通安全的主要职能部门。如果以决策权、执行权和监督权对其行政职能加以分解，我们可以发现，其行政权在纵向上由贵阳市公安交通管理局党委承担决策的职能角色，执行权由各交警大队及一线民警作为执行主体，同时还附加了车辆管理等公共性管理事务。在监督权力上，在交通管理局内部，通过纪律监察处实施横向的监督，监督的对象包括一线的民警、机关工作人员及各级干部。当然，各项权力的运行都有其标准化的程序，如醉驾查处、交通肇事、小客车牌照管理等，并且在其标准化的运行过程中可能存在一系列的人为风险点，而对其数据化需要规避人为主观因素的影响，达到真正监督权力的目的。

二、"数据铁笼"的形成：权力的标准化运行与信息化自动比对

2010 年，全球数据量就已经跨入 ZB（Zettabyte，泽字节，是计算机术语，代表十万亿亿字节）时代，据 IDC（互联网数据中心）预测，2020 年全球的数据总量将达到 35ZB。大数据时代已经到来，它已经对我们生活、工作及社会和政府行为产生了重大影响，也为我们解决和分析社会问题提供了新的思路和方法。所以，依托于大数据和云计算高速发展的背景，依据数据的程序化运行和自动比对的特性，探索以信息数据监督权力运行，助推行政权力运行机制转型。[①] 贵阳市公安交通管理局作为司法行政机关，权力运行的风险主要集中在个人执法过程之中，管住了每个业务的风险，也就管住了人，进而管住了权力。同时，如果所有业务都能通过信息化手段完成，也就产生了数据，对这些数据进行融合分析，可以在异常业务活动中寻找权力风险。因此，"数据铁笼"的框架就由个人执法诚信档案和

---

① 王万华. 大数据时代与行政权力运行机制转型［J］. 国家行政学院学报，2016（2）：96-98.

业务制约模型两个方面构建起来，并且以个人诚信档案为构建"数据铁笼"的基础，以各类业务制约模型作为不断加密"数据铁笼"的"笼条"和结构。

建立个人执法诚信档案是构建"数据铁笼"的基础和框架。一方面，在个人执法诚信档案里，从融合平台现有各类业务系统中抽取工作数据，将所有工作数据最终映射到每一个具体的民警，通过多系统的数据记录及关联，把你干什么、干了什么、干得如何、在哪里干的都——记录下来。另一方面，将平台运算形成的预警推送和反馈作为个人执法诚信档案的重要功能，无论是纪律风险、任务风险、执行风险、融合预警风险，还是考勤信息异常，执法（工作）记录、使用执法记录仪异常，以及各个专业业务制约模块分析发现的业务预警信息，都借助移动终端，按照预警风险预警等级第一时间自动向个人、部门、部门负责人、业务监督部门、纪检监察部门或局领导进行推送。所以，个人执法诚信档案的建立由数据记录、风险预警、效益分析和诚信评价四个模块组成。要求每个机关民警每天打考勤、写工作日志，外勤民警考核则要求每个执法民警的执法行为必须附有音视频资料。当民警不打考勤、不写工作日志、不打开执法记录仪，或者在室内停留时间过长，系统都将预警信息自动第一时间推送给民警本人，提醒其改正，3天内未修正预警信息，则该预警信息会自动上传上级主管，4天内未修正预警信息，则会发到监督部门。

通过对业务和纪律中出现的异常行为随时记录、随时分析、随时提醒，提醒当事人、提醒管理者、提醒监督者，平台系统始终时刻关注你的一举一动、一言一行，将个人牢牢控制在公职人员行为合理范围之内。这样能够解决传统管理的弊端，做到不想管也得管、想管一定能管住，让每个个体都深刻感受到这既是形势的倒逼，也是形式的倒逼。个人执法诚信档案可以看成是个体的"数据笼子"，是"数据铁笼"的基础。在个人执法诚信档案，通过数据模型可以衡量你的绩效，与个人有关的数据信息将从对内的透明逐步实现对外的公开。

另外，通过对业务模块的制约，加密"数据铁笼"的"笼条"和结构，切实管住权力。基于对当前贵阳市公安交通管理局权力清单的梳理和风险排查,在大数据平台建立不同类型的业务数据制约模型,实现权力有效监督的核心机制。从对贵阳市公安交通管理局目前的行政职权和服务内容的梳理看,其拥有包括 8 个大类 490 余项权力。根据实际情况,采取突出重点、稳步推进的策略,逐步完成 20 类重点权力的风险制约拓扑图,以便实现其数据化监督。同时,借助大数据平台的融合分析,可以对贵阳市公安交通管理局的执法热点、违法热点、执法排名及执法趋势等情况进行有效分析。目前,贵阳市公安交通管理局已经完成了酒驾案件办理、小客车专段号牌管理、涉案车辆管理等部门职权模块,以及"三公"经费等共性制约模块。根据突出重点和稳步推进的思路,我们选择以酒驾案件办理流程的标准化和信息化过程来呈现"数据铁笼"的运行情况。

三、"数据铁笼"的典型案例:酒驾案件查处的流程化和标准化

基于前文的描述,本节将以酒驾查处为例讨论"数据铁笼"是如何形成和运行的。通过分析酒驾案件查处的流程化和标准化,可以了解公共权力如何从过去因权力隐蔽化运行而存在较多主观风险和违法行为,转向于将公权力及其执行人置于大数据的监视之下进行可视化运行。

回顾对酒驾的法制化规范轨迹,可以发现酒驾的数量是由少到多、惩处由轻到重,技术含金量也逐渐提升,并越显复杂和事关民生。酒后禁止驾车在我国很早就已经开始实施了,1955 年 10 月 1 日,中华人民共和国首部交通法规《城市交通规则》正式实施,其第四十六条明确规定"车辆驾驶人员酒醉以后不准驾驶车辆"。但是,在 1980 年之前,由于受技术条件限制,没有酒精检测设备,更没有对酒驾的具体裁判标准,查处全依赖民警的责任心和嗅觉来实现,有的驾驶员衣服上有酒味也许就被当成酒驾了,而且处罚也较轻,大多是扣押驾照或罚款 50 元。1980 年之后,经济发展繁荣起来,汽车开始成为普通消费品,由酒驾引发的交通事故也自然急速增加,技术简单的酒精测试仪器悄然出现,但是技术不够稳定,而且当时对饮酒还是醉酒,国家还没有一个法定的标准。1988 年 8 月 1 日,

《中华人民共和国交通管理条例》开始实施，加重了对酒驾的惩罚，首次明确了对饮酒和醉驾行为进行处罚、拘留、暂扣驾驶证等规定。

直到 2011 年 4 月 22 日，第十一届全国人民代表大会常务委员会第二十次会议通过，决定对《中华人民共和国道路交通安全法》进行修改，明确饮酒后驾驶机动车的，处暂扣 6 个月机动车驾驶证，并处以 1000 元以上 2000 元以下罚款；因饮酒后驾驶机动车被处罚，再次饮酒后驾驶机动车的，处 10 日以下拘留，并处罚金，吊销机动车驾驶证。其中，特别加重对醉酒驾车的惩罚，吊销机动车驾驶证，依法追究其刑事责任，且 5 年内不得重新取得机动车驾驶证，尤其对因饮酒后或醉驾造成重大交通事故，构成犯罪的，依法追究刑事责任，吊销驾驶证，终身不得重新取得机动车驾驶证。

在酒驾案件办理过程中存在很多风险，有主观因素也有客观原因，甚至来自不同层级领导不正当的决定或命令，这些风险在以前主要通过信访等渠道解决，一般要等出现了后果之后才能发现。当然还可以考虑通过建立一个覆盖全部过程的信息系统，但按照这个思路，完全制约所有权利需要若干信息系统，而且还要解决内外网络安全问题。但在融合平台上，针对不及时送检、不及时立案、不规范办理等执法风险，通过完善酒精含量吹气检测系统，并将酒精含量检测及管理系统、公安交通综合业务系统、案件信息系统、执法记录仪管理系统等与之相关联的数据系统整合起来，自动运行已经设计好的数据处理模型，就能够很好地解决这些问题，及时发现、提醒和控制各类异常行为，最终保证各项权利风险的监督和制约，在管住民警的同时，也管住了不同层级的管理者。

酒驾案件查处的标准化流程主要包括现场查处、血液抽取及送检、送保管、调查取证、刑事案件办理及行政处罚六个主要程序流程。同时，在传统方式下，制度的执行往往依赖于人的主观因素，缺乏刚性和时效性，问题不能及时发现、权力不能有效监督，不可避免地存在一系列的风险点。但"数据铁笼"的核心着力点就在于对这些风险点的数据化处理，将其与标准化流程进行数据的自动对比，继而发现异常，并进行数据存证和及时的预警，以形成"可记录、可分析、可追溯"的权力监督数据体系。

同时将其与手机终端的开发应用相配套，将手机终端作为数据采集和风险适时预警的重要载体，通过大数据平台和移动端互联互通，实现权力运行风险实时预警、实时推送，使权力运行可视化、权力监督具体化，以改变过去靠人管理、靠人监督、靠人执行的传统模式，变人为监督为数据监督、变被动监督为主动监督。

（一）现场查处

现场查处的标准化流程如图1-3所示，即携带执法装备并全程打开执法记录仪、按照规范拦停车辆、检查驾驶人相关证件并核实相关信息、进行酒精测试、开具扣留驾驶证等法律文书、通知家属进行血样抽取。

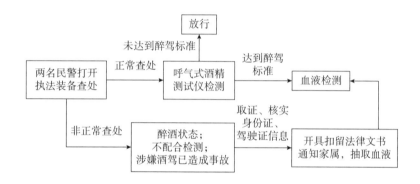

图1-3　酒驾案件现场查处流程

资料来源：贵阳市公安交通管理局。

在现场查处过程中主要存在"不对或不及时对涉嫌酒驾的当事人进行酒精含量测试""对酒精含量达到酒驾或醉驾处罚标准的当事人进行重复检测""故意或过失不及时不规范进行现场调查取证，导致案件不能正常办理""对需要进行抽血检验的不及时带到医院抽取血样"四个风险易发点。同时，针对此四个风险点，分别采取了如下控制措施：

第一，针对不对或不及时对涉嫌酒驾的当事人进行酒精含量测试，采取防止因主观原因放弃或延迟对涉嫌酒后驾驶的当事人的酒精含量检测。必须两人以上进行酒驾案件查处，统一行动上报人员名单、地点等信息，规定卡口尽可能选择有高点视频监控的路段或路口进行，并全程打开执法记录仪（支持系统 GPS 考勤系统、执法记录仪信息管理系统、850 指挥调度系统、智能监控系统、信访举报投诉外部数据信息）。

由图 1-4 可知，针对严控单人查酒驾，以增加互相监督的可能。在系统接到信访举报之后，触发了检查判断，并在酒驾检查安排名单一个工作日触发的前提下，对民警 A、民警 B 两人是否根据预订安排名单联合查处酒驾，通过大数据平台自动提取民警 A 和民警 B 所处的时间、地点是否符合民警 A、民警 B 非单独活动。若符合，则系统无动作，若不符合，则证明民警 A、民警 B 两人可能存在单独执法的风险行为，系统自动向民警 A、民警 B 两人的上级主管推送告警信息，并调阅民警 A、民警 B 两人的执法档案，作为两人诚信执法情况的记录，并推送本人、主管及纪律监察部门，并要求限时处理整改，录入个人执法诚信档案。

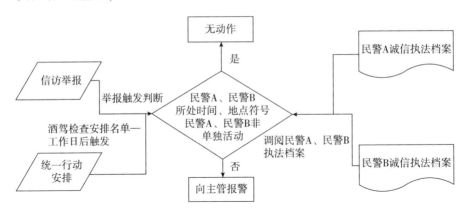

图 1-4　严控单人查酒驾

资料来源：贵阳市公安交通管理局。

第二，为防止酒精含量达到酒驾醉驾处罚标准而重复进行检测，可以采取措施避免多次吹气来取最低酒精含量值以逃避处罚。具体步骤如图 1-5 所示，利用酒驾案件信息系统功能，拒绝接收同一当事人两次酒精含量检测数据（目前系统已经能够实现）；及时将查处数据录入程序防止出现问题，即规定酒精含量第一次检测应当在第一时间（15 分钟）报信息到大队、支队，并立即开具扣留驾驶证等法律文书，压缩求情等寻租空间。

第三，严控故意或过失不及时、不规范进行现场调查取证，导致案件

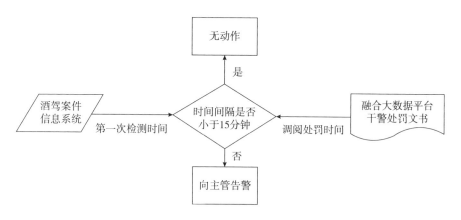

图 1-5 严控重复检测

资料来源：贵阳市公安交通管理局。

不能正常办理，控制措施明确要求现场必须进行的几类取证活动（拍摄照片、执法记录及摄像、寻找证人、简要询问当事人基本情况及案件相关情况、开具法律文书情况、检查车辆情况）。如图 1-6 所示，通过血液检验管理系统，在送检时必须填报完毕相应取证情况后方可进入委托检验程序，不符合要求的不能转到下一程序。

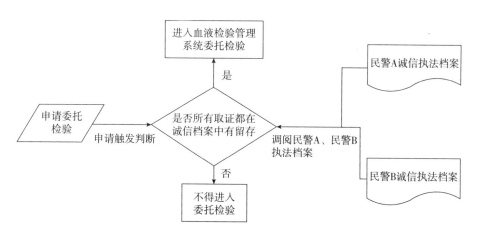

图 1-6 严控不及时不规范取证

资料来源：贵阳市公安交通管理局。

第四，对需要进行抽血检验而不及时带到医院抽取血样的，需要设计防控措施防止通过拖延时间来降低当事人酒精含量值，以达到减少血检含量的目的。如图 1-7 所示，制度设计上明确需要血检的应当由两名民警在 1 个小时内必须送到指定医院抽取血样。在此基础上，通过 GPS、850 指挥信息、执法记录仪信息等，确定现场检测结束后的基准时间，再通过调取血液检验管理系统的进入时间节点与基准时间的相关数据进行比对，确定是否存在超过规定期限送到医院检验的问题。超过时间值的可以通过过程回放机制调阅执法记录仪等视频进行印证，发现问题。

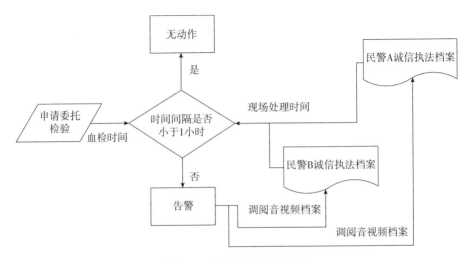

图 1-7　严控延缓抽血时间

资料来源：贵阳市公安交通管理局。

（二）血样送检

血样送检的流程如图 1-8 所示，包括填写相关血样提取登记表，抽取血液（抽血过程全程录音录像）以及见证人、家属和当事人签字，两名民警 1~2 小时内将血样送到交管局保管和委托检测；到达后应当立即登录酒精检验管理系统输入案件相关信息四个关键环节。风险点主要在置换血样、血样的损毁及遗失、不及时送达三个方面。针对以上三个方面的风险点，基于大数据融合平台，设计相应的防控措施。

第一，针对置换血样的风险，如图 1-9 所示，血液抽取必须由两名民

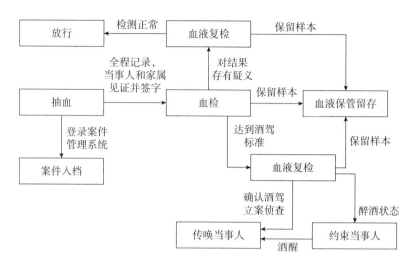

图 1-8　血样送检流程

资料来源：贵阳市公安交通管理局。

警送达且全程录音录像（通过执法记录仪、GPS 考勤、GPS 警车定位、执法终端管理系统等）。

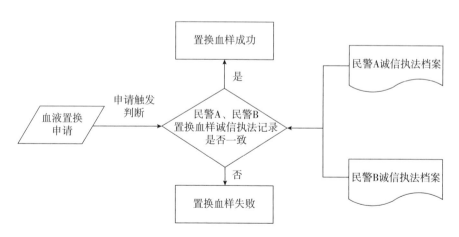

图 1-9　血样送检风险控制流程

资料来源：贵阳市公安交通管理局。

第二，为防止血样损坏、遗失，如图 1-10 所示，必须通过明确血样保管标准及要求，通过执法记录仪、车载记录仪等记录过程来避免风险。

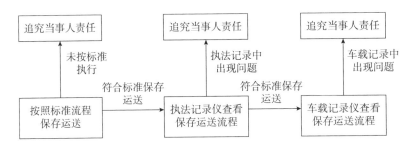

图 1-10　血样损坏和遗失风险控制流程

资料来源：贵阳市公安交通管理局。

第三，针对不及时送达的风险如图 1-11 所示，要特别防止因时间延误引起血样保管出现问题，可以通过明确时限的方式来进行控制。通过GPS、850 指挥信息、执法记录仪信息等，确定抽血结束后的基准时间，再通过调取血液检验管理系统进入时间节点与基准时间的相关数据进行比对，确定是否存在超过规定期限送到医院检验的问题。超过时间值的可以通过过程回放机制调阅执法记录仪等视频进行印证，发现问题。

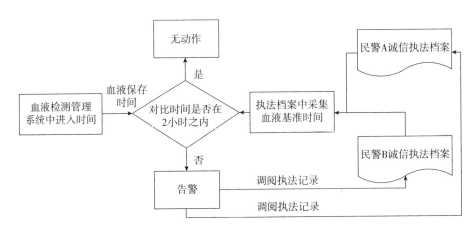

图 1-11　血样不及时送达风险防控

资料来源：贵阳市公安交通管理局。

（三）案件办理

案件办理的流程如图 1-12 所示，主要包括：①将当事人传唤到单位；②在执法办案场所一区四室内办理，并全程摄录；③第一时间进行询问，但醉酒的应约束到酒醒后进行；④及时对饮酒过程、上路驾驶过程、从重从轻情节进行调查；⑤送达血检报告、接受当事人重新鉴定申请及办理；⑥血检结果确定后立即立案侦查；⑦采取强制措施；⑧侦查终结并吊销驾驶证；⑨移送审查起诉。主要的风险点在于可能出现不及时办理或久拖不决、降格处理等情况发生，可以利用融合大数据平台，进行标准化数据比对予以防控。

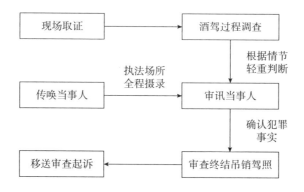

图 1-12　案件办理流程

资料来源：贵阳市公安交通管理局。

第一，针对不及时办理或久拖不决的风险，可以采取明确每个步骤的时限及规格标准来加以防控。具体可以利用大数据方式，调取各个相关信息系统数据，以时间节点的方式，对相关系统数据进行自动比对，超过时间阈值的视为异常数据并进行预警，自动推送预警信息并接受反馈（见图 1-13）。

第二，应对降格处罚的风险，特别是防止应该做出刑事处罚的案件降格为行政处罚。可以调取血检管理系统数据，确定当事人属于何种性质行为；通过调取六合一数据，确定是否进入行政案件程序；通过 V3 刑事案件系统，确定是否进入刑事案件办理程序。在此基础上，涉及一个自动化

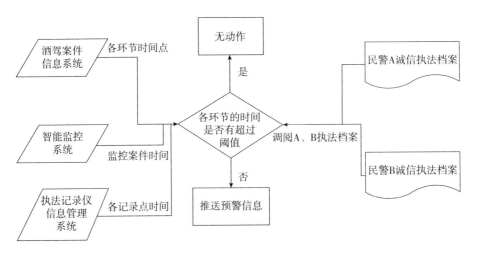

图 1-13 严控不及时办理流程

资料来源：贵阳市公安交通管理局。

的管理系统，即对上述三个系统的数据进行自动比对，进而自动判断是否存在降格处理等异常行为并自动推送预警信息（见图 1-14）。

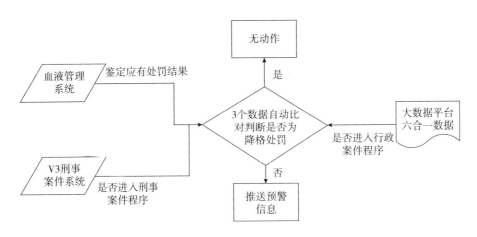

图 1-14 严控降格处理流程

资料来源：贵阳市公安交通管理局。

以贵阳市公安交通管理局酒驾案件办理流程及其各风险点防控的数据化处理方式为例，可以发现，如果将个人执法诚信档案视为"数据铁笼"

的基础框架,那么各个业务制约模型就可以视作是不断加密、加固"数据铁笼"的"笼条"。随着对关联数据的不断分析,可以构建更多维度的制约模型,权力的空间将越来越小、权力的任性越来越难,最终将权力规制在法律和制度的框架内,并通过搭建市一级的平台和数据共享,实现更高层面的监督制约和建设更大的"数据铁笼"。

第六节　本章小结

总之,"数据铁笼"通过大数据平台的融合和分析,建立了不同维度的分析模型,使权力运行的制约和监督更加具有针对性和实效性,变人为监督为数据监督、事后监督为过程监督、个体监督为整体监督,对权力运行进行全程、实时、自动监控。同时,数据系统对违规行为的及时发现、预警和推送,不仅使行政管理更加科学化和系统化,极大地提升了行政机关工作效能,而且使公权力监督和反腐败工作在基层有了更加具体、更加有力的抓手。另外,"数据铁笼"的运行使政府的治理体系及治理能力都有极大的提升,对公权力实现了更加科学、主动和透明的监督,工作效率也得到了极大的提升,但目前仅是一个初级阶段,数据的广泛公开、数据的深度分析还存有很大的空间。随着更多资源和海量数据的融合,能够从动机分析、行为预测等更多维度审视权力运行风险,进一步促进权力在阳光下运行,真正实现让数据多跑腿、让人少跑路的现实效果,同时实现"人在干、数在转、云在算"的权力监督目标。

当然,借助现代信息技术的标准化及自动比对特征实现了对公权的监督,但若是过度依赖于信息技术,或许又会回到韦伯关于现代理性极度膨胀的担忧上来,"数据铁笼"何尝不是韦伯所言的理性牢笼呢。[①] 信息数据被人发明出来,以0和1的不同排列组合来表征和传达物质世界和生活世

---

① 马克思·韦伯. 新教伦理与资本主义精神 [M]. 于晓,陈维刚等译. 上海:生活·读书·新知三联书店,1987.

界，人应该具有绝对的支配力，但不想反被数据痕迹所左右，成为监督人行为的技术依据。每个交通警察都配有一个手机终端，自其每天 9 点上班起，到 18 点下班，在工作的时间范畴，其一言一行将受到数据的监控，并作为其工作绩效的考核标准。当然，此种方式有利于管住公权力的执行者，在一定程度上提升了工作能效，这也是"数据铁笼"计划的主要目标。但是，由于该计划还处于执行初期，对于其长期效果还有待观察，因为很多研究证明人在长期高度紧张和失去自由的环境下不利于工作能效的提升，过于强调权力运行的理性，而忽视权力执行者的人性，无疑也会陷入极度理性的铁笼当中。

第二章

"数据铁笼"怎样关住权力
——贵阳市公安交通管理局履职
数据的形成及其运用

现代社会生活变得越来越多样而复杂，仅依赖抽样数据、局部数据等不完整数据已经难以准确认识、理解事物或现象的规则和规律，遑论运用其规则和规律。"大数据"应运而生。大数据作为一种理念、方法和手段，逐渐运用到社会、政治和经济生活等方方面面。

贵阳市公安交通管理局基于这样的时代背景，在中国共产党贵阳市委员会和市人民政府的领导下，探索将大数据运用到贵阳市的交通管理之中，并产生了显著效果。① 本章试图展现"数据铁笼"如何对公职人员履职过程进行刻画，从而起到权力监督和提高政府效能的双重作用。

第一节 贵阳市公安交通管理局履职
行为的数据刻画

贵阳市公安交通管理局在建设"数据铁笼"平台时细致梳理了其拥有的交通管理权和交通执法权——贵阳市公安交通管理局依法依规被授予了

---

① 孙晓彤，龙海，代晓龙.借助大数据 贵阳交通管理更智慧［N/OL］.贵州日报，［2016-12-05］. http：//epaper. gywb. cn/gyrb/html/2016-12/05/content_ 491091. htm.

8 大类 490 余项权力。在此基础上，贵阳市公安交通管理局还详细制定了具体权力运行的流程。本节将以警员执行"酒驾流程"和"家庭牌号办理预约流程"为例展示"数据铁笼"平台对交通管理权和交通执法权的深度刻画。

一、警员履职程序

城市交通涉及城市社会、经济和政治生活等各方面，也与人民群众的日常生活、生命和财产安全息息相关。因此，交通管理和交通执法是一个城市日常运行的重要组成部分。同时，交通管理执法也是走关系、徇私枉法和设卡寻租的易发高发领域。针对这种情况，贵阳市公安交通管理局在建设"数据铁笼"时给予了重点关注：制定了详细而完善的执法流程和办事程序，整合了多个信息数据支撑系统，构建了全方位的监督体系。"数据铁笼"平台针对酒驾查处设计了由"开启执法记录仪"到"移送审查起诉"共 17 个环节的业务流程，标记了执法记录仪"未开启"等 18 个与之匹配的风险点，整合协同了"GPS 警车警员管理系统"等 10 个现有信息数据支撑系统（见图 2-1）。

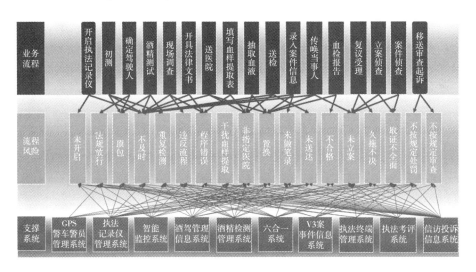

图 2-1 贵阳市公安交通管理局交警酒驾执法、监督流程

资料来源：贵阳市公安交通管理局。

在"数据铁笼"平台中，依据履职程序设计，酒驾查处有着非常明确的业务流程。依据业务流程的规定，任何酒驾案件的查处必须由两名以上的警员共同在场。因此，只要按照该业务流程执法，即可保障酒驾查处依法依规进行。在"数据铁笼"平台中，基于风险点的详细设置和多信息数据系统的支撑，以及监督与执法同在的创新设计，酒驾查处这样的履职行为几乎不可能出现徇私枉法和设卡寻租等违规违法的权力寻租行为。依设计要求和设计原理，"数据铁笼"平台会实时采集警员履职的行为、地点和时间等数据（见图 2-2），通过数据监管警员的履职行为。

交通执法权的履职也是同样如此，交通管理权的运行亦分解为详细而环环相扣的执行程序，即业务流程。以小汽车家庭牌号预约办理为例，"数据铁笼"平台通过精细化业务流程和监督流程的设计以期加强权力监督和提高办事效率（见图 2-3）。

随着社会经济发展水平的提高，贵阳不断增加的汽车保有量与城市道路之间的交通矛盾日益突出。为了缓解交通拥堵现象，贵阳市交管部门采取了"限牌摇号"等措施。"限牌摇号"虽然有利于延缓贵阳市城区小汽车保有量的增长速度，但无疑难以满足贵阳市市民的购车需求。在"限牌摇号"的前提下，贵阳市公安交通管理局于 2014 年 7 月推行相应的配套政策措施——摇号满两年未中签以家庭为单位申请核发小汽车牌号。

核发家庭牌号是贵阳市公安交通管理局的窗口业务，也是一项容易出现权力寻租和"官僚主义"的业务。为此，贵阳市公安交通管理局在架构"数据铁笼"平台之始就考虑用大数据理念和技术来规范核发家庭牌号的权力运行，从而提升其办事效率和社会满意度。贵阳市公安交通管理局制定了明确的家庭牌号预约办理流程，并且梳理了办理流程中的风险点（见图 2-3 和附图 1）。针对权力运行的风险点，家庭牌号预约办理流程提出明确的控制措施。依据权力运行流程设计，"数据铁笼"平台运用大数据的理念和技术实现了家庭牌号办理的实时监控和及时反馈。

通过权力运行的流程化和"数据铁笼"的实时监督、及时反馈，贵阳市公安交通管理局积极尝试数字时代的全新权力运行模式和监督模式的创新。

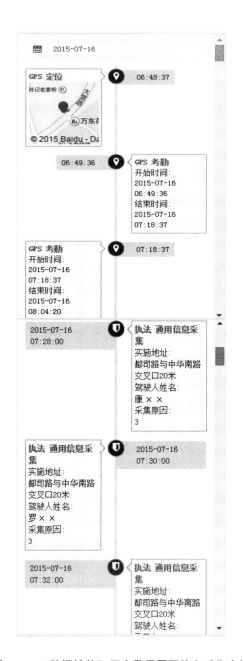

图 2-2　"数据铁笼"平台警员履职信息采集案例

资料来源：贵阳市公安交通管理局。

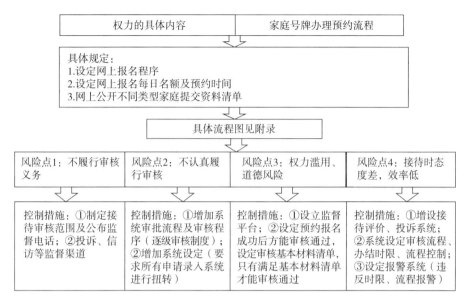

图 2-3 家庭号牌办理预约流程、风险控制

资料来源：贵阳市公安交通管理局。

二、警员履职风险点的数据刻画

(一) 警员履职风险点

权力在运行中总是存在滥用和被侵蚀的风险。因此，必须细致梳理权力运行中的风险点。依据梳理出来的风险点制定监督、控制措施，并以此构建有效的监督体系。

"数据铁笼"平台针对"酒驾处理流程"和"家庭号牌办理预约流程"两项权力运行中警员自由裁量权过大的环节和易受干扰的流程都设置为风险点。酒驾处理流程有执法记录仪"未开启"等 18 个风险点，家庭号牌办理预约流程有"不履行审核义务"等 4 个风险点（见图 2-1 和图 2-3）。为了实时监管警员履职时风险点发生的情况，"数据铁笼"平台架构了"个人执法诚信档案预警推送模块"，从行为、地点和时间等维度立体式地实时监牢警员的个人履职情况，按预设的程序向警员个人推送异常情况，并在警员没有及时处理异常情况时向其主管领导推送监督信息（见图 2-4）。

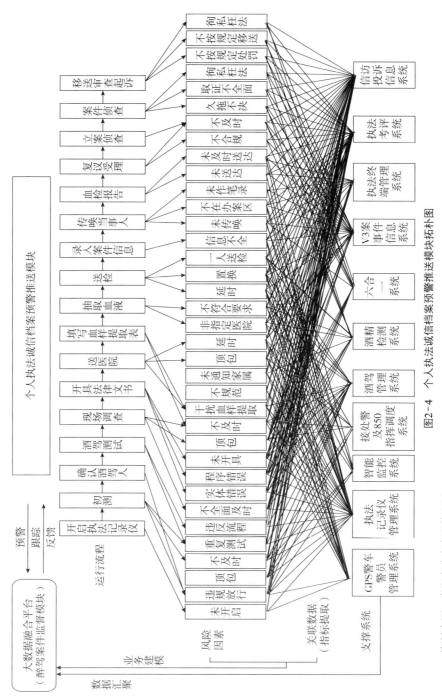

图2-4　个人执法诚信档案预警推送模块拓扑图

资料来源：贵阳市公安交通管理局。

(二) 警员履职风险点的数据刻画

"数据铁笼"平台通过整合"GPS警车警员管理系统"等多支撑系统，实现了对警员履职行为的全过程实时跟踪和监管，即全过程刻画警员履职行为，实时记录和监督警员履职风险点的履职行为由此成为可能。前文提到，"数据铁笼"平台在酒驾查处执法流程中设置了执法记录仪"未开启"等18个风险流程，即本书所称的履职风险点。"数据铁笼"平台强大的数据采集能力使之可以实时记录警员在酒驾查处执法过程中的履职行为。表2-1的数据显示，"数据铁笼"平台翔实地记录了各例酒驾的"吹气时间"等履职风险点的履职数据。警员在酒驾查处过程中若不及时完成相关流程，数据铁笼平台则会触发预警推送。

表2-1 酒驾查处流程监控数据

驾驶人姓名	车牌号	吹气时间	领取民警	查获部门
罗××	贵AN××91	0	张A	贵阳市公安局中心分局交警大队
陈××	贵A××P35	21.2mg/100ml	彭B	贵阳市公安局交通警察支队三大队事故中队
王××	贵A××R06	159.6mg/100ml	常C	贵阳市公安局交通警察支队八大队事故中队
周××	贵F××245	102.5mg/100ml	张B	贵阳市公安交通管理局八大队
周××	贵G××970	3.8mg/100ml	任A	贵阳市公安局高速公路交通警察支队
黄××	贵A××666	191.2mg/100ml	杨A	贵阳市公安局交通警察支队八大队事故中队
赵××	贵A××757	133.4mg/100ml	李A	贵阳市公安局交通警察支队六大队事故中队
庭××	贵J××947	363.7mg/100ml	刘A	贵阳市公安局交通警察支队八大队事故中队
刘××	贵A××004	83.6mg/100ml	袁A	贵阳市公安局交通警察支队七大队四中队
张××	贵A××329	71.9mg/100ml	高A	贵阳市公安交通管理局六大队

资料来源：贵阳市公安交通管理局；表格由"数据铁笼"课题组绘制。

"数据铁笼"平台对警员履职行为的记录、监控不仅是全流程而且是多维度的。"数据铁笼"平台通过记录、分析和比对警员履职中产生的时间、位置和行为等数据而判定警员的履职行为是否正常。

三、履职关键点的数据刻画

(一) 警员履职关键点

警员履职的权力运行的业务流程中有些环节的重要性高于其他环节。这些环节之所以重要，是因为它们是整个业务流程的关键性环节。这些环节的作用是方向性的，一旦发生影响则是不可逆的。换句话说，流程中的这些环节可以左右整个流程，也是权力滥用和权力腐败的高危环节。我们把这些环节称为业务流程中的关键点。如酒驾查处流程中的第一步"开启执法记录仪"、第三步"确定驾驶人"、第七步"送医院"和第九步"抽取血样"等几个环节即是酒驾查处执法流程中的关键点。"未开启"执法记录仪、驾驶人员"顶包"和血样"置换"等酒驾处理流程中的风险点对酒驾查处流程造成的影响是不可逆的，因为这将直接导致酒驾执法没有坚实证据支撑，或为权力徇私提供空间进而致使交通执法权无法有效执行。

权力运行中的关键点在每个业务流程中都存在，"家庭号牌预约办理流程"中的"审核"环节（见图2-3）。审核环节不依法依规审核而出现的"各种"审核风险。这种风险进而使家庭号牌预约办理、发放出现各种权力滥用、权力寻租等违法违规的腐败现象。

贵阳市公安交通管理局在架构"数据铁笼"平台时对针对各项执法业务和管理业务都设计了合理的流程，梳理了风险点，并设置了对关键点的重点监管和多重风险预警。分析图2-1的酒驾处理流程可知，"数据铁笼"平台对"开启执法记录仪"和"确定驾驶人"等环节的实时监管和风险预警是多系统交叉进行。

(二) 警员履职关键点的数据刻画

"数据铁笼"平台对警员履职行为监控的不仅体现在对风险流程的全

过程监控，还体现于对履职关键点的重点监控。

如前文所述，警员履职的业务流程中有些环节的影响是决定性的。因此，"数据铁笼"平台加强了对警员履职的业务流程关键环节的全流程、全天候的实时监控。更为关键的是，"数据铁笼"平台的监控是多维度的，即同时有多个系统监控同一履职行为，如 GPS 系统采集位置信息，考勤系统采集时间信息，执法记录仪或视频监控系统集采行为信息等。"数据铁笼"平台通过比对警员履职行为数据和履职流程设定而判定是否需要预警。

如表 2-2 所示，"数据铁笼"平台会详细记录警员在执法过程中是否使用执法记录仪。在具体的酒驾查处执法流程中，是否开启执法记录仪则是执法是否合乎程序的关键条件。对于警员执法而言，开启执法记录仪既是履职程序的必要要求，同时也是保障警员权利的有力手段。

表 2-2　警员执法履职数据概况

姓名	部门	时间	违法执法数量	执法记录仪使用次数	出勤	考勤异常推送
某民警	某大队	2015 年 9 月	185	54	22	0
某民警	某大队	2015 年 10 月	177	62	20	0
某民警	某大队	2015 年 12 月	255	40	23	0
某民警	某大队	2016 年 1 月	158	51	20	0
某民警	某大队	2016 年 3 月	321	96	27	0
某民警	某大队	2016 年 4 月	141	17	25	0
某民警	某大队	2016 年 5 月	319	44	26	1
某民警	某大队	2016 年 6 月	378	51	21	0
某民警	某大队	2016 年 7 月	289	66	19	5

资料来源：贵阳市公安交通管理局。

由此可知，"数据铁笼"平台对警员履职行为的深度刻画，特别是对履职流程中关键点的深度刻画无疑是规范交通执法权的有力保障。

第二节 贵阳市公安交通管理局履职 过程的数据生成

一、履职数据的生成

贵阳市公安交通管理局运用大数据思维和技术手段，通过"数据铁笼"平台积极探索有效监督权力和提升政府效能的方式和途径。运用大数据思维和技术手段监督权力和提升政府效能的基础是履职数据的合理产生、有效获取和适当储存。

（一）履职数据采集工具

数据采集工具是大数据生成的基础性设施。通过了解与分析贵阳市公安交通管理局"数据铁笼"计划，履职数据的采集工具主要有三类：一是执法记录仪和GPS装置；二是视频监管设备；三是个人智能手机和"数据铁笼"手机App。

依据贵阳市公安交通管理局各项权力和业务流程性质，以及履职的实际情况，"数据铁笼"平台用不同的数据采集工具收集不同的履职数据。依照交通法律法规的要求，交通警察的道路违法违章执法过程需要准确且完整的记录，执法记录仪和GPS定位装置等设备适应这类履职行为的数据采集。对于窗口部门的履职数据，如车辆管理所的业务流程，"数据铁笼"平台则采用视频监管系统为主的数据采集工具。对于交通管理局其他机关机构的履职数据，"数据铁笼"则主要运用手机终端采集履职数据。

依据履职的业务流程性质对数据采集工作进行分类并非是完全排他的。"数据铁笼"平台对任何一类履职行为产生的数据都是综合收集，只是收集的主要工具存在差异。

(二) 履职数据的获取与储存

在大数据视野内,数据的获取和储存有着基础性意义。有效获取和适当储存数据是大数据分析和运用的前提。

"数据铁笼"平台采集具体履职数据往往是综合运用上文述及的三种数据采集工具。"数据铁笼"平台实现了对现有业务数据模块的对接,因此,它能自动获取相关的数据信息。在充分利用已有业务数据模块之外,"数据铁笼"平台依据有效权力监督和提升政府效能的目标要求,针对性地开发了"数据铁笼"手机 App。这样,"数据铁笼"平台可以实时而全面地采集交通管理局各部门和每个警员的履职数据。

综合运用多种工具、多种途径获取履职数据既是不同业务的性质要求,也是大数据平台的内在要求。这样,警员的履职数据逐渐由条数据累积为块数据,同时,多维度的数据获取也能确保履职数据的准确性、科学性。

依据贵阳市公安交通管理局的业务特征和大数据的逻辑,"数据铁笼"平台对警员履职数据进行分类储存。

二、履职数据的类型分析

"数据铁笼"平台通过"数据记录"模块获取、记录和保存了贵阳市公安交通管理局各岗位、职位的履职数据。这些履职数据因业务差异各有特色。下文将通过分析"数据铁笼"平台获取的履职数据,直观地展示其特征。

(一) 履职数据的个体特征

交警个人的考勤数据是"数据铁笼"平台收集的基础性履职数据之一。考勤数据也是交警个人"时间银行"的结构性要件。交警个人的履职数据有什么样的特征呢?接下来,本书将通过分析警员的考勤数据来呈现。

如图 2-5 所示，法制处警员一的考勤数据显示，该警员的上下班时间主要分布在 8：00、12：00、18：00 三个时间点。虽然警员的上下班时间集中于上述三个时刻，但是上下班时间的离散度较高。这表明，警员的上下班时间，特别是下班时间受不可控因素影响较大。另外，该警员多日下班时间严重游离于 18：00，这表明加班对该警员来说是常态，甚至加班到深夜也是常事。

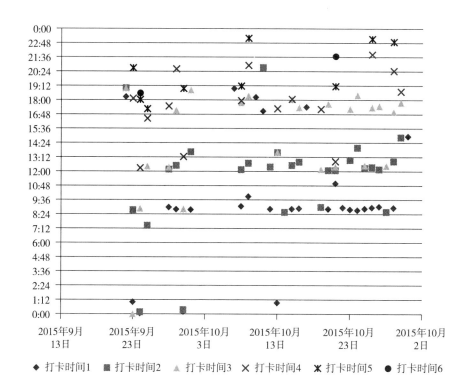

图 2-5 "数据铁笼"平台运行初期法制处警员一的考勤数据

资料来源：贵阳市公安交通管理局；图片由"数据铁笼"课题组绘制。

图 2-5 所呈现的考勤数据来源于"数据铁笼"平台运行的初期。我们提取了该警员在"数据铁笼"平台运行以来中段和近期的考勤数据，并加以处理分析，分析结果如图 2-6、图 2-7 所示。中段和近期考勤数据分析结果表明，法制处警员一的上下班时间分布和加班现象并没有发生根本性

改变。对比三组数据可知，"数据铁笼"对警员一的工作时间并没有优化，只是如实记录。

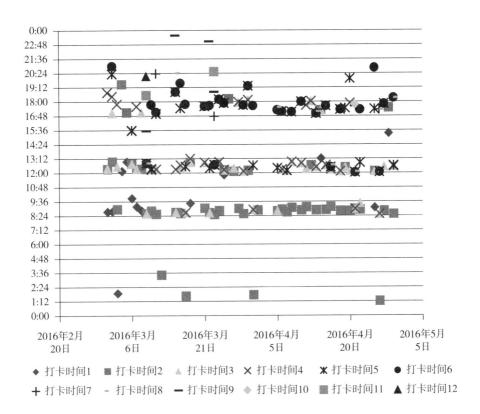

图 2-6　"数据铁笼"平台运行中期法制处警员一的考勤数据

资料来源：贵阳市公安交通管理局；图片由"数据铁笼"课题组绘制。

　　是不是所有的警员的考勤状况都是如此呢？我们先看从"数据铁笼"平台提取的其他警员的考勤数据特征。图 2-8 呈现的是法制处警员二的考勤数据特征。警员二上下班时间并不像警员一那样离散程度高，而是典型的"朝九晚五"上下班时间。图 2-9 所显示的是法制处警员三的考勤数据特征。警员三的上下班时间虽不像法制处警员二那么"朝九晚五"，偶有加班，但是相比法制处警员一高离散的上下班时间要稳定得多。

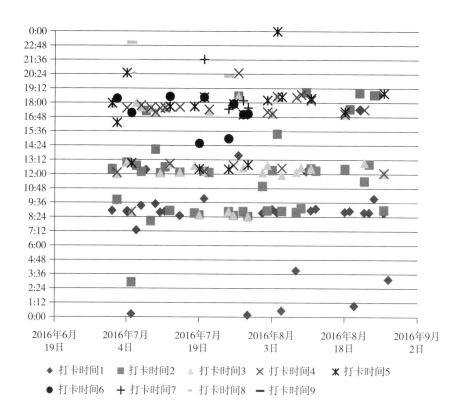

图 2-7 "数据铁笼"平台运行近期法制处警员一的考勤数据

资料来源：贵阳市公安交通管理局；图片由"数据铁笼"课题组绘制。

通过分析法制处三个警员的考勤数据可得知，"数据铁笼"平台全面而深度刻画了警员的履职行为，如实地记录了警员的上下班时间，形象地呈现了警员岗位工作的实貌。这为贵阳市交通管理局依据交警工作特质建立"时间银行"提供了翔实的数据基础。对比分析三个警员的考勤数据可以推断，警员间岗位职责配置存在差异，甚至是巨大的差异。从上下班时间的离散程度和加班频率来看，警员一明显比警员二、警员三高很多。纵向分析警员一"初期""中期"和"近期"的考勤数据可知，"数据铁笼"在改变和促进警员准点上下班方面的效果不明显。岗位职责、内容和特征决定了上下班时间的离散情况。

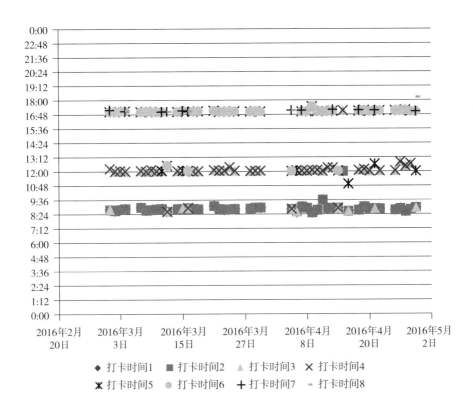

图例:
◆ 打卡时间1　■ 打卡时间2　▲ 打卡时间3　✕ 打卡时间4
✕ 打卡时间5　● 打卡时间6　＋ 打卡时间7　— 打卡时间8

图2-8　"数据铁笼"平台运行中期法制处警员二的考勤数据

资料来源:贵阳市公安交通管理局;图片由"数据铁笼"课题组绘制。

"数据铁笼"平台不仅如实、全面而深刻地刻画了警员履职行为的特征,还体现在警员上下班打卡次数上。从图2-5~图2-9可知,警员考勤打卡次数每天从6次到12次。这是记录了重复打卡次数的结果。"数据铁笼"平台若能智能化清理履职行为的重复数据,那么对数据分析和运用则更有价值,可以更精确地呈现履职行为的类型特征。

(二)履职数据的职位特征

"数据铁笼"平台全面、深刻地记录了警员的履职行为。这些履职数据不仅生动地描述了警员履职的个体特征,同时也生动地体现了警员履职的职位差异。上文已经展现的警员间上下班时间差异即是典型体现之一。

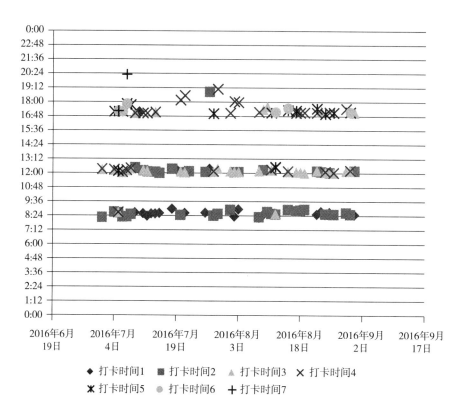

图 2-9　"数据铁笼"平台运行近期法制处警员三的考勤数据

资料来源：贵阳市公安交通管理局；图片由"数据铁笼"课题组绘制。

"数据铁笼"平台收集的数据显示，相比于机关警员，交警中队的警员的上下班时间更加离散。分析南明分局三警员的工作日志可知，外勤警员的到岗时间要早于机关警员，同时外勤警员的下班时间则比机关警员更为不规律。

就工作内容而言，外勤警员的职位特征是明显的。与机关警员参与决策和监督过程不同，外勤警员的主要职责是交通法律法规的执行。因此，外勤警员大部分上班时间都是在路上。由外勤警员的工作日志可知，外勤警员的工作内容主要是常规的交通秩序保障、交通违章处理和专项交通任务（见表 2-3）。交通秩序保障主要包括高峰时间的疏导和日常的交通巡逻。交通违章处理主要涉及突发交通事故和一般交通违章的处理。专项交通任务包括专项交通执法和专项交通秩序保障等。

表 2-3 外勤警员的工作内容分布

警员	月份	交通秩序保障	交通违章处理	专项交通任务	其他	总计
一	3	10	9	2	4	25
	8	5	8	6	5	24
二	3	15	18	10	1	22
	8	7	15	9	3	21
三	3	0	7	2	0	8
	8	15	11	5	1	23

注：①警员一的工作日志比较精练，日志反映的单日工作内容几乎没有横跨两个分类的情况；警员二、警员三的工作日志反映的单日工作内容时有分属不同类别；②"其他"主要指业务学习及诸如"工作正常"等无法归类的工作日志。

资料来源：贵阳市公安交通管理局；图片由"数据铁笼"课题组绘制。

　　"数据铁笼"平台采集的外勤警员履职数据显示，交警的职位特征是"在路上"，那么机关警员的职位特征则是"文山会海"。一份担任领导职务的警员短期的工作日志显示，在短短 8 天 16 条工作日志当中，15 条的内容是关于参加各类会议，剩下的一条是审议文件。这是决策机关警员的履职数据特征，亦是"数据铁笼"平台呈现的决策权运行特征。

　　前文依据"数据铁笼"平台采集的履职数据简要分析了决策权和执行的履职特征。由于"数据铁笼"缺乏足够的运行数据，所以难以分析和判断贵阳市公安交通管理局内部监督权的履职数据特征。

(三) 履职数据的总体特征

　　"数据铁笼"平台运行以来，实现了对贵阳市公安交通管理局权力运行过程，即警员履职行为的全覆盖。正如前文所述，履职过程的全覆盖使通过信息数据来深刻描述警员履职行为成为现实，也使刻画警员履职的行为特征更为可信。"数据铁笼"平台对警员履职行为的全覆盖监管主要体现在对贵阳市公安交通管理局所有权力运行领域的覆盖，对权力运行流程的覆盖，以及对权力运行时间上全天候的覆盖。简而言之，"数据铁笼"平台实现了对贵阳市公安交通管理局权力运行的全领域、全流程和全天候监管。

1. 履职数据的全领域特征

由"数据铁笼"的架构设计可知，履职数据的全领域特征主要体现在"数据铁笼"平台对贵阳市公安交通管理局所承担的交通执法管理权的全面监管。具体而言，"数据铁笼"平台通过融合既有信息支撑系统从决策、执行和监督等方面对交通执法管理权的运行实行全领域的监管。由前文的履职数据分析可知，"数据铁笼"采集的数据既有执行类的权力运行数据，又有决策和监督类的权力运行数据。依据岗位职责不同，"数据铁笼"平台采用的监管手段也不一样。如执行类的岗位采用类似执法记录仪和视频监控类的技术手段进行全过程的记录其履职行为。这实现了对履职行为的深度刻画。关于决策和监督类的岗位，"数据铁笼"则采用手机 App 等系统由履职者记录工作内容。在监督类的履职行为监管过程中，"数据铁笼"平台会依据系统设定及时推送预警信息，并实时记录下来（见表 2-2）。理论上，全领域的监管可以使贵阳市公安交通管理局的全部权力都纳入"数据铁笼"平台之中。这样，交通执法管理权就关进了由"数据铁笼"织密的制度牢笼，也为交通执法权在阳光下运行夯实了基础。

2. 履职数据的全流程特征

从横向上看，"数据铁笼"平台实现了对交通管理执法权的全领域监管，织密了权力监督的制度之笼。从纵向上看亦是如此，"数据铁笼"平台实现了对交通执法管理运行的全流程监管。履职数据的全流程特征主要体现在"数据铁笼"平台精心而细致地设计了交通执法管理权的执行流程，如前文所述的酒驾执法处理流程和家庭牌号预约申请办理流程。而从权力运行的角度来看，"数据铁笼"平台实现了监管整个流程的每个环节的履职行为并使之数据化。比如交警在执行查处酒驾违法等执法过程中，执法记录仪等信息系统会记录流程每个环节的履职行为并数据化。在查处酒驾违法的流程中，"数据铁笼"平台会通过信息支撑系统记录执法交警吹气时间、抽血时间和送检时间等执法环节的履职数据。全流程的监控使交通执法权更为规范，降低了权力滥用的可能性，缓解了警民之间的紧张关系，同时也保障了警员的权益。

3. 履职数据的全天候特征

履职数据的全天候特征主要体现在"数据铁笼"平台对履职行为的实时和全时段的监管。不论是外勤执法的交通警员，还是承担窗口业务的警员，甚至是机关承担决策和监督职能的警员，他们的履职行为都会按照履职程序和环节，通过数据采集设备同步形成履职数据，并传送回"数据铁笼"平台，从而使公职人员的履职行为处在"数据铁笼"平台的全天候监管之中。通过比对分析履职时间数据与相关数据，"数据铁笼"平台可以精准地监管和约束警员工作时间内的履职行为。这既规范了权力的运行，又提高了权力运行效能，从而避免了对公职人员履职行为监控的盲点，实现了全天候监控。

第三节　贵阳市公安交通管理局履职的数据监管

由前文的分析可知，"数据铁笼"平台对警员履职过程的监管是实时的、全面的和有效的。表2-4是2015年数据铁笼平台运行以来的成效。以酒驾查处执法效果来看，"数据铁笼"平台运行以来的成效是非常明显的。在"数据铁笼"平台运行之前的2014年有18起酒驾案件由于各种因素没有及时立案；而2015年数据铁笼平台运行后，类似的没有及时立案的案件只有3起（见图2-10）。比较分析数据铁笼运行前后没有及时立案的案件可知，2015年没有及时立案的3起案件的风险因素非常清楚。当然，"数据铁笼"平台的成效不仅体现在提高执法效果和限制权力滥用方面，同时也体现在保护警员权益等方面。如图2-11所示，"数据铁笼"平台运行后，有了执法记录仪和"数据铁笼"平台的共同支撑，警员在执法过程中权益受损的现象得到了很好的控制，警员权益得到了很好的保障。

表 2-4 2015 年以来"数据铁笼"的运行成效

规范权力运行	提升政府效能
已运行的业务制约模块自动推送各类异常预警信息 1000 余人次	系统自动发现并向当事人及不同层级管理层推送各类异常预警信息 17000 余人次
受理违法违纪案件与上年同期相比下降了 50%	纪律类考勤异常推送从 2015 年 6 月的 8000 余人次锐减到 9 月的不足 2000 人次
单位和民警因执法问题受到通报和处分 0 起	有记载病事假人数从过去的平均每月 20 多人锐减到 8 人
下发《督察整改通知书》17 次	5 名干部主动辞去了领导职务，2 名民警主动辞职
对 11 个单位 32 名民警和中层干部进行整改督办	80% 的工作任务通过系统分办，100% 的实现电子日志

资料来源：贵阳市公安交通管理局；表格由"数据铁笼"课题组绘制。

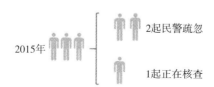

2014年 ——18起未及时立案

2015年 —— 2起民警疏忽

1起正在核查

图 2-10 "数据铁笼"平台"酒驾"模块运行成效

资料来源：贵阳市公安交通管理局。

接下来，本节将从行为、过程和结果三个方面展示"数据铁笼"平台在权力监督上的数据监管。

◆从**应该使用到**不得不使用

◆从**有口难辩到**有图有真相

利用执法记录处理的信访投诉

| 90% | 使用后 |
| 20% | 使用前 |

利用执法记录维权

| 100% | 使用后 |
| 45% | 使用前 |

无执法记录撤销的案件

| 0起 | 使用后 |
| 4起 | 使用前 |

◆26件辱骂、殴打民警的维权案件
100%能够提供执法记录仪，
依法进行了打击处理

◆2014年此类案件打击处理的比例
不足**50%**

图 2-11 "数据铁笼"平台执法记录仪模块运行成效

资料来源：贵阳市公安交通管理局。

一、履职行为的数据监管

"数据铁笼"平台通过整合现有多个信息数据系统而实现对警员履职行为的实时监管。如本章第二节所述，通过对考勤系统的整合，"数据铁笼"平台实现对警员考勤情况的精确掌握。考勤数据的精确化加强了贵阳市公安交通管理局对警员工作时间的管理，提升了警力配置效能。更为重要的是，考勤数据的精确化强化了警员自身的时间管理意识。警员时间银行则是"数据铁笼"平台在提升工作效能上的生动案例。

数据铁笼平台通过整合 GPS 信息数据等系统实现了对外勤警员执法地点的有效监管。毫无疑问，任何行业的工作者都存在利用制度不完善、监督不到位等客观因素消极怠工的可能。在"数据铁笼"平台上线运行之前，存在外勤警员在非执法区域滞留时间过长的现象，甚至还出现过警员离开执法区域的脱岗现象。图 2-12 是依据"数据铁笼"平台采集警员执勤时的 GPS 数据绘制的。"数据铁笼"平台通过整合 GPS 等信息数据系统可以直接、精确和生动地标注警员履职的地点轨迹。如果外勤警员在非执法区域停留时间过长，"数据铁笼"平台则会及时发送预警信息。无疑，"数据铁笼"平台能有效规范警员履职过程中的脱岗行为。

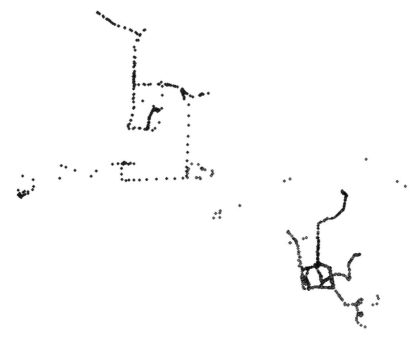

图 2-12　某警员一天执勤 GPS 轨迹

资料来源：贵阳市公安交通管理局；图片由"数据铁笼"课题组绘制。

"数据铁笼"平台不仅可以精确地记录警员执勤的位置信息，还可以通过视频信息系统采集的履职数据对警员的履职行为进行监管，如通过执法记录仪等视频监控系统对警员履职行为进行有效监管（见表 2-5）。正如前文的数据分析，警员履职行为中的视频监控既有利于权力的规范运行，也有利于保障警员的合法利益。

表 2-5　贵阳市公安交通管理局某警员执法视频录制情况节选

日期	值班区域	执法记录仪记录视频数量	违停数量
2016 年 3 月 1 日	1-1 警区岗位	28	18
2016 年 3 月 4 日	1-1 警区岗位	23	17

续表

日期	值班区域	执法记录仪记录视频数量	违停数量
2016 年 3 月 6 日	1-1 警区岗位	46	21
2016 年 3 月 9 日	1-1 警区岗位	96	15
2016 年 3 月 11 日	1-1 警区岗位	29	17
2016 年 3 月 14 日	1-1 警区岗位	26	20
2016 年 3 月 16 日	1-1 警区岗位	15	15
2016 年 3 月 19 日	1-1 警区岗位	19	16
2016 年 3 月 21 日	1-1 警区岗位	23	14
2016 年 3 月 24 日	1-1 警区岗位	13	18
2016 年 3 月 26 日	1-1 警区岗位	54	15
2016 年 3 月 29 日	1-1 警区岗位	16	13
2016 年 3 月 31 日	1-1 警区岗位	28	17

资料来源：贵阳市公安交通管理局；表格由"数据铁笼"课题组绘制。

二、履职过程的数据监管

"数据铁笼"平台的特征之一就是对履职行为的全过程监控。"数据铁笼"平台实现对警员履职行为的全过程监督主要有两个途径：一是"数据铁笼"平台通过整合的其他系统自动采集；二是警员通过"数据铁笼"平台手机 App 输入工作日志。

表 2-6 是数据铁笼平台关于贵阳市公安交通管理局法制处等三个部门警员考勤数据的综合情况。从表 2-6 中可知，"数据铁笼"平台通过整合考勤系统全面监控警员的出勤。在采集警员的出勤数据基础上，"数据铁笼"通过比对分析，对其中的异常考勤数据进行了推送监督。法制处等三个部门依据考勤的推送数据进行了考勤等内容的督察。如前文所述，依据警员的全面考勤数据，"数据铁笼"系统才能如实地反映各职位的考勤特征。同时也正因为采集了全面考勤数据，"数据铁笼"才能有效地管理警

员的时间，从而才能使警员更合理、更人性化地平衡自己的工作与生活。

表 2-6　部门警员考勤数据的综合情况

部门	警员	考评	出勤	考勤推送	摇号推送	下属考勤推送	督察结果
法制处	法制处民警 A	1	256	100	401	131	333
勤务考核处	勤务考核处民警 B	5	264	22	0	62	583
监察室	监察室民警 C	1	246	26	0	83	305

　　资料来源：贵阳市公安交通管理局；表格由"数据铁笼"课题组绘制。

三、履职结果的数据监管

　　"数据铁笼"平台通过对警员履职数据的融合分析可以实现对警员履职结果的有效监管。基于考勤数据的融合分析，可以为警员有效管理自己的时间提供坚实的数据基础。如表 2-7 所示，"数据铁笼"平台的时间银行数据为评估警员的工作量提供了一个可信的标准，同时为警员休假提供了可靠的数据支撑。

表 2-7　警员时间银行数据

姓名	警号	时间银行剩余时长（小时）	日期	时间银行剩余时长（小时）	日期	时间银行剩余时长（小时）	日期
警官 A	04××85	32	2015 年 9 月	-2	2016 年 2 月	0	2016 年 12 月
警官 B	04××29	152	2015 年 9 月	21	2016 年 2 月	718	2016 年 12 月
警官 C	04××91	105	2015 年 9 月	63	2016 年 2 月	349	2016 年 12 月
警官 D	00××05	22	2015 年 9 月	37	2016 年 2 月	210	2016 年 12 月
警官 E	00××03	157	2015 年 9 月	-44	2016 年 2 月	237	2016 年 12 月
警官 F	04××47	177	2015 年 9 月	73	2016 年 2 月	80	2016 年 12 月

　　资料来源：贵阳市公安交通管理局；表格由"数据铁笼"课题组绘制。

融合分析表 2-1 和表 2-2 等警员的履职行为，"数据铁笼"平台可以综合评估警员的履职情况并给出相应的评价，即执法信用体系。通过"数据铁笼"执法信用体系，可以为警员的评优、晋升或调岗等干部人事管理工作提供更为科学也更具说服力的数据支撑。如表 2-4 所示，"数据铁笼"平台运行以来，"5 名干部主动辞去了领导职务，2 名民警主动辞职"。

四、"数据铁笼"平台运行中的问题

毋庸置疑，贵阳市公安交通管理局通过建构并运用"数据铁笼"平台加强了权力监督、提升了工作效能。然而，"数据铁笼"并没有解决全部问题，甚至激化了本来就存在的一些矛盾，还带来了一些新的问题。

"数据铁笼"的运行极大地压缩了外勤警员执法过程中徇私枉法、滥权寻租的操作空间。我们通过访谈外勤警员从另一个维度验证了"数据铁笼"平台的成效。接受访谈的外勤警员向我们讲述了"数据铁笼"平台运行后罚单开具的流程和要件。

现在开罚单已经不再使用纸质罚单。在"数据铁笼"项目的实施下，开罚单首先要打开手机上的内部软件，此软件通过 GPS 等信息数据系统会详细记录整个罚单的内容，包括照片、时间、地点、违章理由等。该软件会实时上传数据。这些数据同时还要与执法记录仪上的时间、地点、照片、视频等相匹配，数据匹配，罚单成立。概而言之，案发现场的处罚数据一定包括警用仪器记录下来的处罚地址、处罚车辆、处罚描述，而上述处罚数据均由手机终端内部软件、GPS 定位、执法记录仪三项执法辅助设备所记录的数据进行匹配，最终生成罚单。

但是，"数据铁笼"平台的运行也带来了新的问题，发现了原来被掩盖的矛盾。警员对"数据铁笼"全方面立体式监管的适应是一个新问题。

首先，考勤适应是外勤警员中突出的一个问题。据受访警员介绍"数据铁笼"平台初期的考勤设置对外勤警员不太合理（下列问题已做改进）。

外勤警员的一天班次分为三种：早班、行政班、值班。通常外勤警员一天的工作包含上述三种班次，而每个班次之间的时间间隔并不长，有时甚至是无缝隙直接转换。因此，要求一名民警在连续的班次中要分三次打卡考勤频率太高，在警务繁忙时容易疏忽，然而这三种班次之间不存在擅离职守的情况，因为这三种班次是连续的，因此会导致民警的风险推送率变高。

其次，激励机制是被"数据铁笼"平台激化和放大的旧有问题。工资收入不高，是当前财政支付的薪酬制度的特征。在薪酬制度上，贵阳市公安交通管理局亦不例外。在"数据铁笼"平台运行的直接影响是，警员的工作付出并没有减少，甚至随着城市交通的发展，工作量反而加大了，但收入并没有提高。随之而来的就是警员对收入少的抱怨。这一点，受访警员的反应是非常激烈的。

监督的确合情合理，但把所有的执法行为和工作安排都关在数据的笼子里极大地消解了民警执法的自由裁量，监督方式越来越完善，严苛程度不断上升，但缺少本应与之协同并进的激励机制，只有监督没有激励的体制是有极大缺陷的。随着道路车辆数量的不断增长和交警工作量的增强，物质激励只减不增或者止步不前是对整个交警系统的沉重打击，交警系统中出现了一些消极的工作现象，"数据铁笼"固然好，但如果没有适当的激励机制，落地效果也会大打折扣。

再次，警员工作日志和执法记录仪视频影像内容能如实反映每天工作情况和执法质量，以便及时监督警员的每一起执法活动，但由于贵阳市公安交通管理局开发应用的"数据铁笼"还需要从技术保障上进一步完善，也暴露了一些问题。例如，从某警员的工作日志可知，2016 年 3～8 月有 13 条关于执法记录仪异常而无法使用或临时借用的反馈。执法记录仪异常的原因主要有以下几类：一是设备本身故障、无电或系统升级；二是被锁在会议室等非设备定点存放处；三是其他警员错拿。简要分析执法记录仪异常日志发现，13 条异常日志有 5 条是直接关涉错拿执法记录仪。由此可见，"错拿"是常见现象。

最后，"数据铁笼"平台除了上述激化或放大原有权力运行中的问题，还有平台自身的一些技术问题，比如履职数据的清理问题。分析履职数据可知，自动采集的警员履职数据存在重复录入的情况，而在非自动采集职员履职数据的录入方面随意性比较突出。尽管绝大多数警员的工作日志能近似反映其工作内容。但有外勤警员把一天的工作简单描述成"疏导交通""辖区巡线"，也有描述成"早班""晚班"和"正常上班"等。从警员工作日志和考勤时间交叉分析得知，外勤警员的工作职责是纷繁复杂的交通秩序保障和交通执法。

第四节 本章小结

如前文所述，"数据铁笼"平台对交通执法管理权的监督是极其有效的。"数据铁笼"平台强力的监督具有全领域、全流程和全天候的监管特征。通过运用现代信息技术，整合多信息数据系统，"数据铁笼"平台实现了对警员履职的实时监督。对履职行为的实时监管，即在"数据铁笼"平台内交通执法管理权的执行与对其监督同步进行。"数据铁笼"平台的实时监管数据为履职留下了真实、可靠和有效的行为痕迹，即履职数据。"数据铁笼"平台实时融合分析履职数据可以及时发现和预警交通执法管理权的误用、错用和滥用现象。

同时，在有关交通执法管理权的决策领域，"数据铁笼"平台通过信息化办公系统和工作日志录入的手机 App 及时、准确地记录贵阳市公安交通管理局每一项决策的每个环节，从而监管决策进程。在监督领域，监督部门凭借"数据铁笼"平台实时记录和及时推送的预警信息全面掌握全局警员在履职过程中的异常情况。在此基础上，监督部门可以及时、准确地校正警员的异常履职行为，从而有效规范交通执法管理权的运行。

另外，"数据铁笼"平台通过整合现有的信息数据系统，在实现数据多来源的基础上也做到了多维预警和立体性预防。"数据铁笼"平台通过这些信息数据系统交叉对比分析警员履职的地点、时间，以及执法行为是合法、合规、合流程，还是存在异常。对异常的履职行为，"数据铁笼"平台会及时推送预警信息到警员本人的手机终端。警员可以根据预警信息及时处理履职的异常行为。若警员超过 3 天没有处理异常履职行为，"数据铁笼"平台则会向警员的主管领导推送预警信息。通过上级主管领导监督警员处理异常的履职行为。如机制仍然未奏效，异常履职行为信息超过 4 天未处理，"数据铁笼"平台则会直接向贵阳市公安交通管理局的内设监督部门，即纪检部门推送预警信息。监督部门介入警员异常履职行为的处理。

在数字信息时代，贵阳市公安交通管理局运用大数据理念和现代信息技术建设了一个有力而高效的"数据铁笼"平台，加强对自身权力运行的监督。通过大数据理念和手段加强对自身的权力运行监管，这为权力内部监督提供了有力的保障，同时也为公民个人、社会和新闻媒体加强对权力运行的监督提供了坚实的基础。总而言之，"数据铁笼"平台依赖现代信息技术和大数据思维使权力运行更有效，让权力监督更有力。

第三章

"数据铁笼"牢固吗

——贵阳"数据铁笼"的运行绩效评估

本章拟在对"数据铁笼"运行绩效内涵和特征进行分析的基础上，充分借鉴平衡计分卡（The Balanced Score Card，BSC）理论，从财务维度、顾客维度、内部流程维度、学习成长维度四个方面，研究构建贵阳市"数据铁笼"运行绩效的评估框架，采用访谈法、观察法、实地调查等研究方法，对贵阳市"数据铁笼"运行在权力监督成本控制、社会公众需求满足、权力运行监督规范、公共服务效能提升等方面进行实际考察，全面系统地揭示贵阳市"数据铁笼"的运行绩效水平。

第一节　"数据铁笼"运行绩效评估框架

一、"数据铁笼"运行绩效的基本内涵

贵阳市公安交通管理局按照李克强总理视察贵阳时提出"人在干、数在转、云在算"的指示精神，以及"可记录、可分析、可追溯"的总要求，围绕如何运用大数据思维和方法实现权力有效监督和提升服务效能的目标，积极推进"数据铁笼"试点工作。贵阳市"数据铁笼"作为破解监

督制约权力的创新之举，紧紧依托大数据技术，围绕强化权力监督制约，优化、细化、固化权力运行流程和办理环节，推动实现权力在阳光下清晰、透明、规范运行。从"数据铁笼"的实际运行来看，其绩效体现在"数据铁笼"运行的若干过程和环节。也可以说，贵阳市"数据铁笼"的运行绩效是贵阳市公安交通管理局在一定时期内取得的各项工作成绩和成果，也是贵阳市公安交通管理局在控制权力监督成本、满足社会需求、规范权力运行、提升服务效能等工作过程中的所作所为。具体来说，"数据铁笼"运行绩效主要体现在"管住人""管住事"和"管住权"三个方面。

第一，"管住人"是"数据铁笼"的关键。由于各种原因，交通管理人员和其他公务人员在以前的履职过程中有时可能存在一定程度的不规范、不尽职的现象，具体表现在上下班的迟到早退、工作期间的擅离职守和随意越权干涉与职权不到位、政策制定不科学等。对以上出现的问题和困境，"数据铁笼"运行的关键就是"管住人"。例如，对机关民警和值勤民警建立"时光轴"，同时配置"我的执法轨迹""我的执法明细""我的工作云"等处理系统，随时采集每个公务人员在值勤期间的数据，从而实现对其出勤、值勤等行为的动态化监管。贵阳市公安交通管理局"数据铁笼"大数据融合平台启用后，每个工作人员在上班时间的情况开始被大数据牢牢"锁定"。大数据融合平台不仅对工作人员的工作进行全方位监督，也可以更直观地评价工作人员的工作状态，而不再依靠以往笼统的印象考核。"数据铁笼"的运行，实现了变被动监督为主动监督、变人力监督为数据监督，对人的监督和评价做到了客观、公正。

第二，"管住事"是"数据铁笼"的重点。为民众提供最基本的社会公共服务是政府职能部门的重要职责，这也成为政府职能部门办实事的主要标志。在"互联网+"、大数据的背景下，"管住事"就是要求政府能够提供辖区内民众需要的公共服务，打破之前的条块分割和"碎片化"，形成市、县区和部门之间的云政务；解决各领域民生服务存在的突出矛盾并突破各方面的制约，注重体制机制和政策制度的创新；推动跨层级、跨部门之间的信息共享和业务协同，促进公共服务的多方协同合作、资源共享和制度衔接；整合现有的公共服务信息资源和信息平台。政府部门通过数据共享平台，主动向市民、企事业单位和其他社会组织提供更为方便的信息化公共服务，全方位提供政务数据、公共服务等查询、下载和运用等。所以，贵阳市公安交通管理局的 "数据铁笼" 重点就是管住公共服务的决策、生产、供给和绩效评价等每一个环节的所有数据信息。

第三，"管住权" 是 "数据铁笼" 的核心。一般而言，交通管理局公职人员属于基层公职人员，处于国家政权最接近社会民众的前沿，且拥有大量的自由裁量权。合理的自由裁量权给他们的灵活执法提供了权力基础，但自由裁量权的空间过大、缺乏具体裁量条件和标准会造成工作人员滥用权力、权力寻租的现象。"数据铁笼" 作为第四种监督形式，其核心是 "管住权"，就是真真切切地把公共权力关进数据的笼子里。具体而言，贵阳市公安交通管理局 "数据铁笼" 首先要求依法对现有行政权力和腐败风险点进行梳理，成为数据对权力运行进行制约的特殊机制。其次，"数据铁笼" 是压缩自由裁量权的利器，降低个人的自由裁量空间，让权力不再 "任性"，真正实现公职人员从 "不敢腐" 向 "不能腐" 的彻底转变。最后，"数据铁笼" 筑起权力泛化的 "防火墙"，通过制定和公布权力清单、责任清单和权力运行流程，以消除传统交管部门管理过程中 "人治"成分过重带来的弊端。

所以，"数据铁笼" 的打造，可以说是一场大数据驱动下政府管理理念和方法的深刻变革，是贵阳市政府以强有力的方式进行自我革命及流程再造而构建的风险防控和廉政建设的 "铜墙铁壁"，是对传统政府管理的打破和重塑，是实现国家治理体系和治理能力现代化的贵阳实践探索。

政府绩效评估是 20 世纪 80 年代西方新公共管理浪潮推动中所形成的一种政府部门管理工具，其最初形态和面貌是来自于对私营部门的产出活动评估的借鉴。区别于市场主体，政府部门的行为和活动是以公共价值为基础，以社会公共福利的改善为导向的。所以政府绩效与其部门职能、岗位职责有关，它包含了政府的公共服务产出本身、政府的管理能力以及政府为履职行为所产生的效果和行为。政府绩效的生产是一个动态的要素系统，"数据铁笼" 作为贵阳市公安交通管理局向社会提供的一种公共服务，包含以下要素：绩效使命—核心价值观—愿景—战略，绩效资源的投入，政府生产行为，绩效的内容和绩效生产环境。

二、"数据铁笼"运行绩效的主要特征

"数据铁笼"不仅是贵阳市公安交通管理局运用大数据思维和方法推进权力有效监督和提升政府效能的工作创新，也是开展绩效管理信息化工作的重要抓手，其运行绩效特征体现在绩效管理的若干过程和环节，概括起来主要体现在绩效计划制定、绩效信息采集、绩效指标体系建构、绩效生产实施、绩效评估、绩效沟通和反馈等每一个环节。作为对绩效管理信息化工作的创新，贵阳市公安交通管理局"数据铁笼"的运行绩效特征主要表现在以下几方面：

(一) 绩效信息的数据化

信息是整个绩效管理过程的重要基础，它贯穿于绩效的战略规划、决策制定、组织实施、指标设计与评价、沟通与反馈的每一个环节。现代社会是一个信息高速发展的社会，科技发达，信息流通，人们之间的交流越来越密切，生活也越来越方便，所有的信息都呈现出数据化特征。因此，在"数据铁笼"运行的每一个过程中，那些具有更强的决策力、洞察力和流程优化能力的海量、高增长率和多样化的信息资产，都呈现出数据化的特征。这些数据具有 4V 特点：Volume（大量）、Velocity（高速）、Variety（多样）和 Value（价值），对这些数据的挖掘和计算，必须依托云计算的分布式处理、分布式数据库、云存储或虚拟化技术。比如，贵阳市值勤民警每天获得的信息，包括图片、视频、音频等，这些都可以通过数据的形式进行挖掘、记录、计算、分析和保存等。

(二) 绩效生产的透明化

贵阳市公安交通管理局利用"数据铁笼"不仅有助于实现对权力运行的"数据监督"，而且有助于政府部门公共服务产品生产的公开化、透明化。以前政府在公共产品供给过程中，由于自身垄断着公共权力，从而导致公共物品的供给与民众需求存在脱节的现象，没有真实反映民意。但"数据铁笼"利用互联网、云计算、大数据等平台将公共服务产品的生产

过程公之于众，让民众及时了解该绩效生产过程中的资源成本投入多少，是否与自身偏好相匹配，是否具有高效率、公平性和合法性等。比如，"数据铁笼"的运行绩效体现在管住人、管住事和管住权三个方面，通过"三管"实现了公务人员在活动过程中权力边界的明确和行为的约束，通过对公务人员和行政相对人当时的痕迹跟踪、扫描、记录和回放，使整个行政过程变得公平透明，增加了行政绩效的合法性。诚如贵阳市住建局局长在"数据铁笼"建设过程中所言，"坚持依据公开、流程公开、过程公开、结果公开，以及业务办理过程记录、行政调解记录、执法过程记录、市场行为记录，实现标准透明、行为透明、程序透明、监督透明的目标"。

(三) 绩效结构的多元化

贵阳市公安交通管理局的"数据铁笼"计划是在贵州省大力发展大数据战略行动背景下的一种政府治理方式新尝试，其创造出的绩效与当地政治、经济、文化等有着密切的联系，绩效结构呈现出多元化的特征。首先是经济绩效，经济绩效对社会而言表现为经济持续快速发展，如宏观总产出的增加，人民收入水平的增加；对政府部门自身而言表现为行政成本的节约，以及行政效率和水平的提高。其次是社会绩效，社会绩效表现为社会秩序运行良好，社会治安状况良好，人们生活水平和质量普遍提升，没有明显的对抗和尖锐的矛盾。最后是政治绩效，政治绩效是政府绩效最重要的表现，在市场经济条件下，政治绩效经常表现为政策安排和制度创新。贵阳市公安交通管理局"数据铁笼"的运用，改变了人们传统的行政思维、组织结构、组织文化、权力关系和管理方式等。

(四) 绩效问责的规范化

绩效问责是在考察政府部门绩效水平的基础上启动问责程序的一种行政问责形式，体现了社会对政府部门绩效水平的一种基本期待以及政府对其行为效果所承担的责任[①]。绩效问责作为追究政府职能部门及其公务人

---

① 徐元善，楚德江. 绩效问责：行政问责制的新发展 [J]. 中国行政管理，2007（11）：29-31.

员绩效责任的一种活动，对于政府部门工作人员来说，既有激励功能，也有约束功能。作为追究公共责任的一种方式，绩效问责更主要地体现为一种约束功能，它为政府及其公务人员设定了一个基本的绩效目标，能够促使政府工作人员积极工作，认真履行职责。基层一线的交管部门公务人员属于"街头官僚"，在传统的行政过程中绩效问责出现了以下困境：首先，可计量任务"驱逐"不可计量任务。由于量化的绩效指标将诱导执法人员把注意力集中在那些可以测量的活动上，从而导致执法人员对不可测量的任务和总体工作质量的忽视。其次，选择性执行。在绩效目标的驱动下，他们会选择一些付出成本较小的群体进行执行，甚至弄虚作假。"数据铁笼"最大的优势便是避免上述困境，使绩效问责规范化。"数据铁笼"的运用，进一步细化公务人员的工作指标，形成权力监督机制，促使他们既要执行可计量任务也要执行不可计量任务，同时避免"选择性执行"现象。

绩效问责的规范化主要依靠"数据铁笼"对行政行为的现场"痕迹"记录，使绩效问责更加明确具体，从而激励公务人员更好地使用手中人民赋予的权力。时任贵阳市公安交通管理局局长俞洋介绍说："我们会通过音视频系统、接待评价系统和信访执法监督系统、GPS 和指纹识别考勤系统、执法终端系统等的运用，记录民警在权力运行、遵守纪律以及工作效能等方面的行为。"

（五）绩效结果的合法化

合法性是政治统治永恒的主题，没有任何一种政治权威体系能够仅依靠暴力强制来维持自己的长久统治。合法性（Legitimacy）指的是一种政治统治或政治权力能够让被统治者认为是正当的、合乎道义的，从而自愿服从或认可的能力与属性[①]。只有得到大多数被统治者认可、支持，或者是默认现有的统治秩序和行政绩效，政府部门的行政绩效才具有合法性。"数据铁笼"绩效结果的合法化主要表现在以下几方面：一是压缩了执法人员的自由裁量空间，让他们把公共权力真正应用在绩效物品的生产上；

---

① 何显明. 绩效合法性的困境及其超越［J］. 浙江社会科学，2004（5）：77-82.

二是执法过程中行政相对人可以随时提起复议和诉讼，有利于其实现监督行政行为和维护自身合法权益；三是整个行政执法过程更加民主、透明、公平、开放，民众的需求偏好很快被政府部门吸纳。

三、"数据铁笼"运行绩效的评估框架

(一) 平衡计分卡的产生与发展

1990 年，美国毕马威会计师事务所（KPMG）资助了一个题为"未来的组织业绩衡量"的研究项目。项目开始后，研究团队收集和分析了大量有关绩效评价系统的创新案例，最终把目光锁定在模拟设备公司的"企业计分卡"上，它不仅包括传统的财务指标，还包括与交货时间、制造流程的质量和周转周期、新产品开发效率等指标，这也就是平衡计分卡（The Balanced Scord Card，BSC）的原型。项目结束后，卡普兰和诺顿总结了团队的研究成果，共同在《哈弗商业评论》上发表了一篇论文《平衡计分卡——驱动业绩的衡量体系》，又在 1996 年出版的《平衡计分卡：把战略转化成行动》中对此予以系统阐释。他们主张建立一种新的、平衡有效的、全面的业绩评估体系。

在随后二十几年的发展历程中，平衡计分卡不断被丰富、发展和完善，形成了一批极具价值的研究成果。主要包括：①战略地图。战略地图作为一种可视化的描述工具，其贡献在于通过四个层面之间向下牵引和向上支撑的逻辑关系，将概括性的组织战略转化成一套清晰明确的战略目标和衡量指标。②衡量战略。"不能衡量就不能管理"，任何一个绩效管理体系，目的是激励所有管理者和员工成功地执行战略。③管理战略。平衡计分卡从四个层面描述战略的管理框架，使领导者在全局的高度审视价值创造的绩效结果和驱动因素。④协同战略。它实现了董事会、组织总部、经营单位、支持单位、外部合作伙伴和客户之间的密切合作、协同合作，并对协同效果进行评估，对协同过程进行管理。⑤链接战略和运营。平衡计分卡建构了一套集开发战略、诠释战略、协同组织、规划运营、监控学习和检验调整六个阶段为一体的战略管理体系，该体系将关键流程改进和计

划编制作为链接的节点，以结构化会议形式的战略检视和调整为终端形成了一个良性管理循环，从而将战略执行和运营管理有效地整合与协同起来。

（二）平衡计分卡的框架与要素

1. 战略框架

如图 3-1 所示，最上部分的三角形区域便是战略框架，它包含了组织的使命、核心价值观、愿景和战略。使命和愿景为组织的发展制定了总的方向和目标，帮助员工、股东和客户正确理解组织的目的和期望。战略是平衡计分卡的核心，是组织认识其经营环境，也是组织实现使命过程中所接受的显著优先权和优先发展方向。组织必须通过制定战略将使命和愿景落实到执行层面，把有限的资源集中到对实现组织目标具有重要推动作用的行动计划上去。

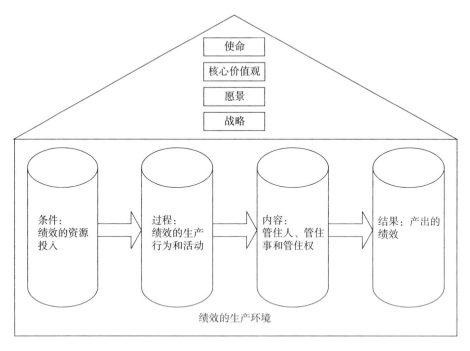

图 3-1 "数据铁笼"运行绩效形成的过程

资料来源："数据铁笼"课题组。

◎ 使命（Mission）：组织存在的根本价值和追求的终极目标，概括了组织为人类做出的贡献和创造的价值。它是一个简明的、重点清晰的内部陈述，说明了组织存在的原因、明确了员工行动的价值，是指引组织行动的基本目标。如沃尔玛的使命是："帮顾客省钱，让他们生活变得更好。"

◎ 核心价值观（Core Value）：核心价值观是组织中指导决策和行动的永恒准则，体现在员工日复一日的行动中，反映了组织的深层信仰。组织的价值观体现了组织的态度、行为和特质，它是组织文化长期积累和沉淀的结果，为全体成员共同认可和遵从。如索尼的核心价值观是："成为时代的先锋，鼓励个体能力和创造力。"

◎ 愿景（Vision）：愿景是组织勾画的宏伟蓝图和期望实现的中长期目标，是组织内部人们发自内心的意愿。它反映了组织的使命、核心价值观，明确指引组织战略的制定，正确指导组织成员进行战略执行，确保组织沿着既定方向发展。

◎ 战略（Strategy）：战略是组织在认识其经营环境和实现使命过程中接受的显著优势和优先方向，描述了组织打算为谁创造价值以及如何创造价值，是平衡计分卡的核心。战略一般分为三个层次：一是定位，即战略是一种独特的有力的定位，关系到不同的运营活动；二是抉择，在相互竞争中做出取舍；三是配置，即在组织各项营业活动间建立一种有效链接。

2. 平衡计分卡的思想和要素

平衡计分卡的基本思想就是通过财务、客户、内部流程、学习与发展四个方面的指标之间相互驱动的因果关系展现组织战略轨迹，实现"绩效考核—绩效改进以及战略实施—战略修正"的战略目标。把绩效考核的地位上升到组织的战略层面，使之成为组织战略的实施工具。平衡计分卡是以信息为基础，系统考虑组织的业绩驱动因素，多维度平衡评估的一种新型组织业绩评估系统。

除此之外，平衡计分卡究竟要"平衡"什么？平衡计分卡通过财务指标与非财务指标考核方法之间的相互补充达到平衡，同时在定量评估与定性评估之间、主观评估与客观评估之间、组织的短期目标与长期目标之间、组织各部门之间寻求"平衡"的基础上完成绩效考核与战略实施。平衡计分卡的三个利益相关群体是：股东、员工和顾客，确保组织从系统的角度进行战略实施。

平衡计分卡理论认为，组织绩效可以从以下四个层面进行度量（见图3-2）：

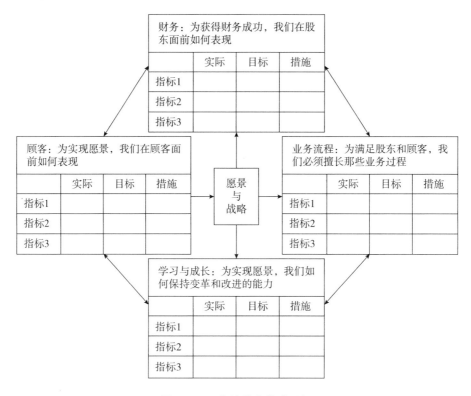

图 3-2　平衡计分卡战略透视

资料来源："数据铁笼"课题组。

◎ 财务层面：财务性指标一般是企业常用于绩效评估的传统指标。财务性绩效指标可显示出企业的战略及其实施和执行是否正在为最终经营结果（如利润）的改善做出贡献。但是，不是所有的长期策略都能很快产生短期的财务盈利。非财务性绩效指标（如质量、生产时间、生产率和新产品等的改善和提高）是实现目的的手段，而不是目的本身。财务层面指标衡量的主要内容有：收入的增长、收入的结构、降低成本、提高生产率、资产的利用和投资战略等。

◎ 顾客层面：平衡计分卡要求企业将使命和策略诠释为具体的与客户相关的目标和要点。企业应以目标顾客和目标市场为导向，应当专注于满足核心顾客的需求，而不是企图满足所有客户的偏好。客户最关心的不外乎五个方面：时间、质量、性能、服务和成本。企业必须在这五个方面树立清晰的目标，然后将这些目标细化为具体的指标。客户层面指标衡量的主要内容有：市场份额、老客户挽留率、新客户获得率、顾客满意度、从客户处获得的利润率。

◎业务流程层面：建立平衡计分卡的顺序，通常是在制定财务和客户方面的目标与指标后，才制定企业内部流程面的目标与指标，这个顺序使企业能够抓住重点，专心衡量那些与股东和客户目标息息相关的流程。业务流程绩效考核应以对客户满意度和实现财务目标影响最大的业务流程为核心。业务流程指标既包括短期的现有业务的改善，又涉及长远的产品和服务的革新。业务流程层面指标涉及企业的改良创新过程、经营过程和售后服务过程。

◎ 学习与成长层面：学习与成长的目标为其他三个方面的宏大目标提供了基础架构，是驱使上述三个方面获得卓越成果的动力。面对激烈的全球竞争，企业今天的技术和能力已无法确保其实现未来的业务目标。削减对企业学习和成长能力的投资虽然能在短期内增加财务收入，但由此造成的不利影响将在未来给企业带来沉重打击。学习和成长层面指标涉及员工的能力、信息系统的能力与激励、授权与相互配合。

由此可见，平衡计分卡不仅是一种管理手段，也体现了一种管理思想。在企业绩效战略管理中应用具有以下优势：克服财务评估方法的短期行为；使整个组织行动一致，服务于战略目标；能有效地将组织的战略转化为组织各层的绩效指标和行动；有助于各级员工对组织目标和战略的沟通和理解；有利于组织和员工的学习成长和核心能力的培养；有利于实现组织长远发展；有利于提高组织整体管理水平。

但平衡计分卡在导入企业绩效战略管理的过程中需要注意以下问题：一是高层管理者的充分参与。高层管理者主要制定战略方向，主持关键绩效衡量的指标体系，进行上下的信息传递，确保人人皆知，以及进行政策支持和过程控制。二是要防止目标的单一化。注意目标的导向和资源的分配；进行过程的控制，包括不断地反馈和评估，不仅要满足于对结果的衡量，而且还防止实施过程中的指标单一化倾向。三是指标选择与标准。注意指标与目标的一致性、指标对目标实现的保证性、指标标准的明确与衡量手段的可靠；指标的权重大小要确切反映平衡的利益价值判断；指标与报酬的联系要具有激励作用。四是制度与程序的保证。每一关键指标必须有实施方案的保证；每一个人对自己的指标体系有确切的认识和确保完成的保障措施；必须有制度保证每一个管理者关心下属指标完成情况和对执行结果的时时反馈，以及管理者必须有能力使下属保持持续的热情和团队的合作。

（三）"数据铁笼"运行绩效的平衡计分卡

平衡计分卡最初是针对企业组织开发的，随着自身的发展完善，也逐渐被公共部门所采纳。与企业相比，政府组织的使命、核心价值观与愿景不仅要体现内部的管理特性，还要具有公共价值和满足辖区内服务对象的需求，因而更具"组织—社会"的特征。公共部门的使命相对清晰，归根结底是公共利益的最大化。政府部门的核心价值观是个人效能感、组织自豪感、对组织忠诚感、对工作期望的理解、协作和团队精神。

虽然政府组织和企业组织的战略地图都是由财务、客户、业务流程以及学习与成长方面构成，并通过各层面的因果关系形成严密的逻辑体系，但由于公私部门之间存在差异，两者各层面的具体内涵上有所区别。因此，贵阳市公安交通管理局的"数据铁笼"运行绩效结构主要体现在以下四个方面：

（1）财务层面。它最终的目的是向社会提供公共服务，确保公共利益的最大化，而不是取得财务上的成功。但是，财务层面占据着非常重要的位置，各种财务指标既是促进组织成功的重要因素，也是完成使命的限制条件。卓越的运营，低成本创造公共价值等在财务层面上的有效性，对贵阳市公安交通管理局有着重要意义。

（2）客户层面。现代民主政府都倡导为民众提供最大化、最有品质的公共服务,随时关注民众的需求偏好和利益,并迅速及时地进行回应。

(3)业务流程层面。在公共部门的战略地图中,业务流程对客户层面目标的实现发挥着重要的驱动和支撑作用,该层面目标的实现程度决定了政府组织公共产品和服务的质量,并最终影响着社会公众的满意度。

(4)学习与成长层面。无形资产是创造价值的真正源泉,对于政府组织而言,它的重要性日益凸显。在政府组织战略地图的学习与成长层面,应该关注人力资本、信息资本、社会资本和组织资本,并进行合理有效的配置和衡量,以实现公共服务效能的提升。

结合上述对"数据铁笼"运行绩效的内涵、特征及绩效结构的理解,可以建立如图3-3所示的贵阳市公安交通管理局"数据铁笼"运行绩效评估框架。

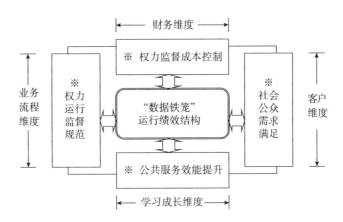

图3-3 贵阳市公安交通管理局"数据铁笼"运行绩效评估框架

资料来源:"数据铁笼"课题组。

第二节 "数据铁笼"权力监督成本控制

没有监督的权力必然引起腐败。监督,归根结底是一种特殊的权力制约关系，是权力授受关系的重要体现，也是委托权对受托权的督促和监督。这就要求公共权力的使用者既不得滥用权力，以权谋私；也不得把被赋予的权力不当回事而"不作为"，渎职失职。我国宪法规定，国家的一切权力属于人民，人民是权力的主体，人民行使国家权力的机关是全国人民代表大会和地方人民代表大会，最终将权力委托给政府，由政府部门管理具体的公共事务。所以，人民是公共权力的监督主体。

无论是来自上级政府的体制内监督，还是来自基层群众的体制外监督，由于信息不对称等因素的存在，致使监督的成本大大攀升。然而，绩效始终是与成本相联系的，离开成本谈绩效是毫无意义的。因而，对贵阳市公安交通管理局的"数据铁笼"运行绩效评估，要考察"数据铁笼"实际运行在成本控制方面的实际状况。权力监督成本是政府及其在行政过程中所产生的各种费用和开支以及由其所引发的现在和未来一段时间的间接性负担，包括直接成本和间接成本。这些直接或间接的费用开支和负担是可以通过优化决策技术和创新权力监督方式加以适当控制的。在政府部门平衡计分卡模式中，贵阳市公安交通管理局"数据铁笼"最重要的作用就是降低了权力监督成本和行政执法成本。

一、"数据铁笼"运行过程中的行政监督成本控制

"数据铁笼"通过全方位获取每个工作人员的数据，清楚地了解他们在工作中的各种情况，建设工作人员的诚信档案。通过制定统一的数据技术标准，优化、细化、固化权力运行流程和办理环节，合理、合法地分配各项职责，实现网上办公、网上审批、网上执法，权力运行全程电子化、处处留"痕迹"，让权力在"阳光"下清晰、透明、规范运行，置于社会公众的监督之下。真正实现了将权力关进数据的"笼子"内，降低了行政监督成本。下面是时任贵阳市公安交通管理局副局长李昂的介绍：

借助"数据铁笼"，民警的每项行动都实现了可查、可控、可追溯，事无巨细。对于机关民警，"数据铁笼"根据其工作属性设计了"电子笔

记"制度。指纹打卡与门禁记录、食堂就餐记录等多种数据相互佐证，回答"是否来上班"的问题；"云工作记录"要求机关民警通过移动警务通，实时记录、上传每天的工作内容，回答"上班干什么"的问题。"数据铁笼"的实施使机关民警的每天工作出勤和执法情况得以记录和监督，降低了监督成本。

下面这个执法案例更能翔实说明"数据铁笼"降低了行政监督成本并使权力不再"任性"。按照系统程序，民警对于酒驾案件应该在规定的时间内抽血送检并立案，如若没有及时送检或未按规定立案，系统也会自动报警。就是说在吹气的那一刻，只要产生数据就会报警，进入办案程序。这个过程使行政监督成本大大降低，并使行政执法过程相当规范。

2016年2月14日，广西籍男子覃某和几位朋友在贵阳市某酒吧里喝酒，次日4时许，他驾驶一辆轿车，经紫林庵往瑞金北路方向行驶，后排座上的几位朋友突然和路边打车的人起了冲突。接到指挥中心指令后，民警立即赶到现场。民警将左肩上的执法记录仪对准覃某，请他对着呼气式酒精检测仪吹气。结果显示其体内酒精含量为119mg/100ml，已达醉酒驾驶标准。覃某将面临刑事处罚。覃某一再向民警"求情"，民警不为所动。几秒钟后，民警所带便携式打印机上已经打印出关于本次违法行为的相关单据，而与此同时，酒精检测的数据也已通过网络传到后台，任何人无法撤销和更改。系统正式启动醉驾案件的办理流程。如果民警没有按照系统设定的规定程序办理，系统就会报警。

二、"数据铁笼"运行过程中的行政执法成本控制

行政执法成本是在机关民警工作过程中的投入资源，相比较以前，"数据铁笼"使贵阳市公安交通管理局的执法成本大大降低。比如，随时获取的数据节省了现场取证、冲突处理等方面的成本。"数据铁笼"在降

低行政执法成本的同时，大大提高了贵阳市公安交通管理局的工作效率。如 "数据铁笼" 的 "云计算" 以执法效能档案为基础，使用大数据技术量化原来抽象的、个体的执法行为，能从执法、诚信和效能等多个方面建立起一套全面公平和科学的评价体系，实现对平台对象全方位、多维度、深层次的立体评价，推动人事绩效管理革新。如：

贵阳市 7000 多辆出租车和所属的 20 多家企业、近 2 万从业驾驶员个人情况全部装在 "数据铁笼" 内。驾驶员出现拒载、运营中抽烟、运行轨迹等全部在监管中。如遇乘客投诉，立即就可调出 "证据"。如此大量的数据通过人工进行核查几乎是不可能完成的任务，但通过大数据融合平台，核查开始变得轻松高效。

同时，"数据铁笼" 的系统包括业务信息系统、音视频系统、接待评价和信访执法监督系统、GPS 和指纹识别考勤系统及执法终端系统等。通过大数据手段使每一名交警执法 "全程留痕"、可追溯，有了这一系统，"全程留痕"、可追溯的大数据可以澄清事实、避免警民矛盾。这直接降低了行政执法成本，避免了以前警民关系中 "公说公有理，婆说婆有理" 无意义的成本增加。

第三节 "数据铁笼" 满足社会公众需求

平衡计分卡模式一改往常将财务利益相关者作为关注核心的风格，而是强调以顾客为导向。那么在构建服务型政府绩效评估概念模型时确定中国政府部门的顾客就是应当首先解决的问题。服务型政府突破了传统的公共行政文化，其根本宗旨是以人为本、为人民服务、满足公众的多元化需求、实现公众的根本利益。美国学者登哈特夫妇在《新公共服务：服务，而不是掌舵》一书中阐释了服务型政府的内涵：①服务于公民，而不是服务于顾客；②追求公共利益；③重视公民权利胜过重视企业家精神；④思考要具有战略性，行动要具有民主性；⑤承认责任并不简单；⑥服务，而不是掌舵；⑦重视人，而不只是重视生产率。[①] 服务型政府将社会公众作为公共服务的顾客，重视对政府提供公共产品和公共服务的数量和质量是否满足公众需求的评判，强调社会公众的满意度。公众服务维度测评指标以公众满意度、公共产品的质量、服务品质以及公众的忠诚度、公众抱怨（投诉）等为主。

满意是人的一种感觉状况水平，是在比较人的期望与现实状况后的感觉。科特勒认为满意度是指一个人通过对一种产品或服务的可感知的效果与他的期望相比较后形成的一种感觉状态。公众满意度的概念是从管理学的客户满意度借鉴而来的。所谓客户满意度是指客户的感觉状况水平，这种水平是客户对企业的产品和服务所预期的绩效和客户的期望进行比较的结果。新公共管理运动以来，人们认为政府是社会公共产品和公共服务的主要提供者，政府服务质量的评价应该由服务客体即客户而非主体说了算。因为政府服务的客体是整个社会的公众，所以将公众满意度作为一个重要的评价标准和尺度纳入西方各个国家的政府绩效评估过程之中。

从平衡计分卡的客户维度理解，公众满意度是指公众对政府绩效（效果）的感知与他们的期望值相比较后形成的一种失望或愉快的感觉程度。从图3-4中我们可以发现，公众需求与期望是公众满意产生的心理基础，公众满意与否取决于其实际体验与期望之比。当政府绩效的感知效果达到或超过公众期望时，公众趋向于满意或比较满意，反之感到一般、不满意或很不满意。此外，公众抱怨如得到政府妥善处理，也会重新实现公众满意；而公众满意也会发展到其最高境界，就是公众忠诚。

---

① 罗伯特·B. 登哈特，珍妮特·V. 登哈特. 新公共服务：服务，而不是掌舵 [M]. 丁煌译. 北京：中国人民大学出版社，2010.

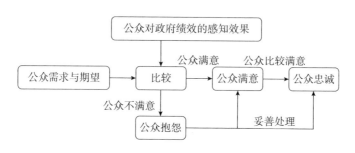

图3-4 公众满意示意图

资料来源："数据铁笼"课题组。

　　贵阳市公安交通管理局的"数据铁笼"作为一种社会公共物品，首先，对社会提供了一种高质量的公共服务（物品）。辖区内民众对良好的交通秩序、公平透明的执法过程、快速简便的办事流程、友善和谐的警民关系等方面的需求应该是交管部门工作的出发点和落脚点，而"数据铁笼"使之成为可能。它通过对行政审批过程、结果和绑定相关审批人进行可视化展示，杜绝"违规操作"或"不作为"。同时，"数据铁笼"通过信息化、数据化、自流程化、融合化的工作步骤，融合了现有的18个系统的数据，同时也将12345、12328两套投诉热线系统融合进入平台，共搭建了32个子模块，基本实现了"一个数据融合平台、多业务板块监管支撑"。此外，"数据铁笼"还通过简化行政审批手续、完善执法程序和提供信息化服务，为民众提供了高质量的绩效产品。

　　其次，"数据铁笼"推进了精准规范执法。"数据铁笼"的有效运行，使权力运行过程中每一个环节的风险都能被及时发现、预警和分层次推送，从而真正实现变事后监督为过程监督。"数据铁笼"促使政府部门的管理理念和方法产生深刻变化，权力监督更加科学、主动和透明，工作效率得到大幅提升。据统计，2015年6月至2016年6月的一年间，"数据铁笼"平台数据量累计近2.7亿条，系统自动发现并向当事人及不同层级管理层推送各类异常预警信息2.1万余人次，根据推送信息情况交管局下发督察整改通知书17次，对11个单位的32名民警和中层干部进行整改督办和诚勉谈话，有4名中层干部主动辞去领导职务，2名民警主动辞职。

2016 年以来，贵阳市公安交通管理局受理违法违纪案件同比下降 50%。

贵阳市公安交通管理局在有效运用"数据铁笼"的过程中，通过提供高质量的公共服务和推进精准规范执法，大大提升了辖区内社会公众的满意度。以下是在实地调研中相关人员的描述：

交管局管理人员××：通过在工作中对值勤民警的诚信档案建设，以及通过网络数据就能详细记录他们的工作状态，这也对他们形成了有效监督和制约。同时，我们也会发现他们在值勤过程中的疏漏和不当之处，帮助及时纠正，最终老百姓对我们服务的满意度也大大提升了。

司机××：之前曾遇到过不文明的强制执法，但自从有了这个大数据就把他们的执法过程记录下来，他们的服务态度也提升了，我感觉很满意，点个赞。

驾校学员××：以前考驾照似乎都要有"关系"，有"关系"就可以不用培训，轻轻松松拿到驾照。可现在，这一"潜规则"彻底没有了。让学员感受到公平公正，心里也舒服。

"数据铁笼"是大数据背景治理现代化的真实体现，它的最重要品质就是利用现代化的技术、手段和方法来造福于民。所以从满足民众需求方面来讲，"数据铁笼"是服务民生的新平台。它通过连通市、县（市、区）与部门，提供针对部门间的政务服务，形成市、县（市、区）、部门之间的云政务，解决了各领域民生服务存在的突出矛盾和制约因素，进行了体制机制和政策制度创新，推动了跨层级、跨部门信息共享和业务协同，促进了公共服务的多方协同合作、资源共享、制度对接，并逐步整合了现有信息资源和信息平台，通过大数据公共平台，依据"凡事关群众办事的程序和要求，凡依法应予公开的政务信息，都要向公众公开"的精神，主动向市民、企事业单位和其他组织提供更方便的信息化公共服务，全方位提供政务数据、公共服务等查询、下载、运用服务，使之成为联系群众的渠道、为民服务的平台和政府信息发布的窗口。对于政府等公共部门而言，"数据铁笼"已经成为各级党委政府了解民情、倾听民意、汇聚民智的重要渠道，为完善政府工作提供了有益参考，使社会的治理更加规范和高效。

第四节 "数据铁笼"规范权力运行程序

良好有序的政府内部管理是保证政府绩效水平优良的关键，能很好地衡量和评估政府部门在自身建设和内部运行的工作效果。根据贵阳市公安交通管理局的职能特点和"数据铁笼"的主要特征，可以从资源配置、行政效率、政府改革和精细化管理四个方面，对"数据铁笼"运行过程中业务流程维度产生的绩效进行全面考察。

一、"数据铁笼"运行促进资源有效配置

人、财、物资源的投入与运行是保证政府职能部门正常运转的前提条件。在对资源进行配置的过程中要特别注意资源配置的及时性，即面对突发事件或重大事项时，政府部门能够及时整合资源以达到资源配置的迅速反映。此外，还要保障资源配置具有合理的层次结构，具备顺畅、合理、优质的配置流程。

贵阳市公安交通管理局的"数据铁笼"不同于传统的 IT 系统建设，"数据铁笼"大数据的资源融合平台利用大数据融合分析技术，依托德拓超融合设备和公司自主研发的 DANA 数据平台，以数据为核心，将"数据铁笼"大数据融合平台在逻辑架构上分为数据采集层、数据处理层和数据应用层，搭建数据融合和数据共享平台，为各业务应用提供跨系统的数据共享服务，实现各业务应用系统在数据层面上的整合和集成，各业务系统间的数据推送及流转，驱动跨系统间的应用和联动，实现数据在"权力铁笼"方面的价值挖掘和应用。

具体而言，贵阳市公安交通管理局"数据铁笼"在资源配置方面，最

重要的是"电子围栏"。"电子围栏"实现了联网联控，对教练车、教练员、学员、计时过程等实行全方位管理，对驾校每年核定的培训人数也进行管控。"打学时"再也不敢弄虚作假了，有效杜绝了"偷工减料"，实现了精准驾培。自从建立"数据铁笼"大数据融合平台，通过数据融合提高了主动发现问题的能力，初步实现了倒逼管理，逐步实现了流程再造、推动了职能部门和政府人员主动作为，带来的结果是工作效率提高，群众满意度也随之提高。

例如，贵州某驾校校长说，贵阳市公安交通管理局"数据铁笼"正式运行后，学员的有效学习信息都能及时上传。杜绝了企业为降低成本而减少学时、恶性竞争的行为。

二、"数据铁笼"运行推动行政效率提升

行政改革的目标之一就是建立高效运转的政府组织，提升行政效率。所谓行政效率指的是在保证政府活动目标方向正确并给社会带来有益成果的前提下行政管理中投入的工作量与所获得的行政效果之间的比率。行政效率包括效益要素、经济要素、时间要素等。其中效益要素是评价与测定行政效率的前提和基础，即行政活动的总方向和性质、各项行政决策的质量、各项行政工作的质量、在一定时期内完成的行政任务的数量。

贵阳市公安交通管理局的"数据铁笼"是一种创新，它整合了网上审批系统，在梳理和规范审批事项的基础上，建设全市统一的行政审批服务平台，实现所有行政许可、非行政许可审批和登记服务事项的集中管理，具有协同审批和数据共享等功能，审批事项网上受理、全程在线办理，实现市、县（市、区）、乡三级联动审批。凡是不经网上公开的审批事项一律不得审批（法律另有规定的除外），促进政府职能从"重审批向重服务"转变，进一步提升政府职能部门"不见面办成事，就是最好的简政放权和服务公开"的公信力形象。同时，通过云平台对市场行为进行有效监控，使失信市场行为受到惩处，达到规范市场行为的目标，降低投资成本。让数据多跑腿、群众少跑路，既大大方便了群众，又真正提升了政府行政效

率，可谓两全其美。

"数据铁笼"能采集分散在有关部门和互联网上的数据，对数据进行有效清洗、转换、加载和管理，实现数据"进得来、管得住、用得好"，能有效地实现全市政务大数据集成与分析，形成统一的政务信息"资源池"，提供统一的数据管理、数据挖掘、数据共享和数据展示服务，从系统层面解决部门间互联互通难、信息共享难、业务协同难等问题。这有利于实现相关部门的业务系统互联、实时交换信息和案件的及时移送及任务的快速派遣，提高工作效率，整体提升行政执行力。

2017 年 1 月以来，贵阳市公安交通管理局开始启用报废汽车监销管理系统。该系统通过对车辆报废解体工作流程进行梳理，使系统业务操作模块和车辆报废工作流程紧密相连，并运用大数据融合思维规范机动车报废业务工作各环节，实现车辆报废注销登记业务初审、解体到上报全过程一体化，并真实记录了机动车报废拆解企业对报废车辆从进场至完成解体的每个步骤，做到了车辆报废业务全工作流程的数据留痕、数据监管。相比以往的人工上报机动车报废资料，报废汽车监销管理系统具有更完善的分类功能、统计功能和查询功能。同时，对于监管机动车报废拆解企业的行为具有更强大、更全面的监督功能，不仅能查阅和审核车辆拆解过程的视频资料，实时监督查看车辆报废企业作业现场，还能随时调阅贵阳市范围内所有监销车和非监销车报废信息。在加强对企业监管的同时，也能同步反映车管所监销民警的监销执法过程，促进规范执法。通过车辆报废"数据铁笼"监管新方式，对权力运行过程中产生的数据进行融合分析，寻找异常，及时发现和控制可能存在的风险，让执法过程处处留痕，切实促进了贵阳市机动车报废监管工作的数字化、效能化、透明化，进一步确保了报废汽车监销工作的真实、规范、合法。

三、"数据铁笼"运行倒逼政府部门改革

贵阳市公安交通管理局"数据铁笼"行动计划旨在依托大数据产业优势，加快网上政务建设，把能够纳入网络的行政权力全部纳入网络运

行。通过制定统一的数据技术标准，优化、细化、固化权力运行流程和办理环节，合理、合法地分配各项职责，实现网上办公、网上审批、网上执法，权力运行全程电子化、处处留"痕迹"，让权力在"阳光"下清晰、透明、规范运行，置于社会公众的监督之下，并及时查处和纠正发生在权力行使过程中的违法违纪行为，倒逼政府进行权力制度的约束与改革。

贵阳市公安交通管理局的"数据铁笼"使"数据的笼子"和"制度的笼子"结合起来，全面提升管理现代化水平。它对车管、驾管、事故、违法等各个业务系统风险进行深度预警，形成"预警—推送—处置—回告"的闭环式监管，把好异常业务监管关。聚焦关键领域、核心业务、热点风险，加强制度建设，用制度管人、管钱、管物，把好源头管理制度关。要坚持制度监管和数据监管同步设计、同步推进，将公权行使的时限、权限、身份识别等数据功能嵌入业务流转过程，形成事前、事中、事后的监督，把好公权约束关。同时利用手机 App 及 PDA 警务终端，实现执法办案"全警触网"，执法行为"全程记录"，形成完整的执法责任数据链和"一人一档"的执法档案，把好个体行为记录关。

同时，"数据铁笼"通过在关键步骤再造工作流程，减少一人包办的工作模式，建立多人共办、部门审核、领导督办的工作流程，互相监督完成业务办理。例如，在处理交通违法时，通过设置互相监督业务办理制约模块，前台民警必须将违法处理人证件信息与违法处理人现场照片上传至数据融合平台，通过后台人员比对判断为同一人后，才能通过数据流程制约模块，进入下一流程。

四、"数据铁笼"促使管理向精细化迈进

精细化管理的实质在于通过规范化、程序化、标准化、信息化的手段降低管理成本，提高管理效能。精细化管理适应了我国政府深化变革管理模式，手段日益对接企业、市场的大趋势，是一种以最大限度减少管理所占用的资源和降低管理成本为主要目标的管理方式，它强调管理的经济

化，要求用最少的投入取得最大的经济效益。政府的财源来自纳税人，行政管理活动要靠纳税人的支持。这就要求政府不仅要关注管理质量和效率，还应关注管理成本。

"数据铁笼"促使政府部门的行政管理由效能管理向效能管理精细化转变。"数据铁笼"努力构建的包括 KPI（Key Performance Indicator，即关键绩效指标）绩效评价、权力运行热点图等的效益分析模型，把干部管理和考核放在大数据云平台下，注重平时、强化过程。通过对工作记录数量、数据饱和度关联指标的融合分析，可以对民警工作强度、工作能力、辛苦指数、岗位适配性等做出较为客观的评价。正如某管理人员所说："贵阳市交管局建立的每个民警的个人效能诚信执法数据档案，充分利用了现有信息系统资源，进一步细化、量化了权力清单，固化了权力运行流程和办理环节，实现了规范业务流程、监督个体行为、记录执法诚信、科学考核评价，提升了管理精度，最终使群众的合法权益得到了保护，实现了对权力的有效监督和政府效能的提升。"

第五节　"数据铁笼"提升公共服务效能

一、"数据铁笼"促进公共服务效能提升

部门大数据建设是贵阳市公安交通管理局"数据铁笼"公共服务效能提升的基础。业务部门大数据平台系统建设，以业务办理系统为基础，通过政务数据信息交换平台实现无缝对接，并与大数据中心网站互联，建设和完善行政执法、审批系统，在全市跨部门办公实现并联审批，实现了办事项目网上受理、网上办理、网上反馈，进一步推进了"阳光型政府"和"服务型政府"的建设。"数据铁笼"公共服务平台的完善主要表现在以下三个方面：一是以大数据化为根本。贵阳市公安交通管理局通过权力流程

数据化和权力运行过程影像化（如交警执法过程中运用执法记录仪全程进行记录），对整个执法行为数据全程采集记录，为数据分析平台提供数据基础性支撑，编织了天网之"经"；通过构建行政执法过程风险监控体系，再造行政行为数据化流程，编织了天网之"纬"；同时又通过对"人、事、物"行为进行全过程记录，融合分析，数据问政，塑造了天网之"魂"。二是以推动数据融合为核心。"数据铁笼"借助于移动终端的广泛使用，发挥大数据技术的作用，建立了具备超融合、分布式计算、多维度管理的大数据应用平台，全面收集权力运行的各类信息，将分散、独立的条数据融合成更具运用和挖掘潜力的块数据，基本实现了"可记录、可公开、可分析"功能。三是建立了以"数据监察"为抓手的监督机制。"数据铁笼"公共服务平台开发使用了"数据监察"模块，并与大数据中心平台实现了完美对接，使"数据监察"全覆盖、可视化，对所有网上运行的行政权力进行全过程实时监督，第一时间捕捉"非常态"信息，构建了预防腐败的电子"防火墙"。

二、"数据铁笼"推动工作服务流程规范

贵阳市公安交通管理局通过进一步理清权力和事务清单，优化、细化、固化权力运行流程和办理环节，合理、合法地分配了各项职责，并通过数据化的方式，将预警、跟踪、督办、反馈等监督功能嵌入权力在业务系统中的运行过程，形成了以数据为核心的工作流转系统，大大提高了业务工作服务的规范性。

一是规范职责任务。通过系统风险预警机制，对规定程序、规定动作进行督促，提高了工作效率。例如，在"数据铁笼"公共服务平台的"任务管理"模块中，针对超时回复、超时办理情况，平台自动运行已设计好系统模型，通过预警信息及时推送至本级和上一级部门领导，就能及时发现、提醒和控制这些异常行为，提高工作事项办理时效。同时，由于任务事项内容被记录在系统中，在一定程度上也提升了任务事项的规范性。

二是划定纪律红线。"数据铁笼"公共服务平台通过系统风险预警，对可能存在的廉政风险进行防范制约，实现数据反腐，使党风廉政建设和反腐败工作有了更加具体、更加有力的抓手，强化了反腐廉政建设工作。例如，实施小客车专段号牌摇号以来，在小客车号牌核发中，通过数据融合分析，将已经合法的号牌数据与指标核发系统的数据进行实时关联比对，凡是不能匹配的数据都视为异常数据推送反馈，能够在第一时间发现异常行为、督促整改，将风险降至最低。

三是规范行政自由裁量权。设定模块化工作流转程序有效确保民警执法实践行为依法、公平、公正。"数据铁笼"公共服务平台通过在业务流转环节设立业务数据制约模型，让各执法环节的项目、内容和程序一目了然，增强执法工作的透明度，减少人为因素影响，压缩自由裁量权滥用的空间，防止滥用自由裁量权行为的发生。如前文提到的酒驾案例，执法中存在很多自由裁量风险，在数据融合分析平台上，针对不及时送检、不及时立案、不规范办理等执法风险，通过将酒精含量检测管理系统、案件信息系统等与之相关联的数据系统整合起来，自动运行根据拓扑图设计好的数据处理模型。当系统检测到民警在执法流程中未按规定执法时，系统将自动预警督促改正，并将预警信息推送至纪检部门，且业务无法流转进入下一步流程，这样就能够及时发现、提醒和控制各种异常行为。

三、"数据铁笼"促进各方的学习与成长

随着全球化、信息化的飞速发展，任何一项管理都必须不断进步和创新。为社会公众提供公共产品的服务型政府在其绩效评估中也必须注重学习与成长环节，保持与外部行政环境的良性互动和有效回应，从而使其具有更强的学习能力和应对危机的管理能力。总的来说，政府的学习与成长可分为三个层次：第一，加强公务员个体的学习与成长，使其具备良好的知识结构、学习能力、发展潜能。对公务员的培训不仅要评估培训的时间和次数，更重要的是要对培训的效果以及通过培训所带来的工作上的改善

进行评估。第二，政府组织内部具有积极向上的文化氛围，增强政府部门的向心力和凝聚力，提供畅通的学习渠道使知识在组织内部能够顺利传播、利用和增加，并最终转化为现实的生产力。第三，政府部门的变革与发展，主要指信息系统建设和政府部门的改革能力。通过信息系统建设，实现政府的政务公开，建立起政府内部畅通的信息传递和知识分享渠道，进而提高政府的办事效率。其评估指标有信息系统安稳性、电子政务时效性、信息反馈成本等。政府部门改革能力的强弱在一定程度上反映出政府与社会的适应性。对政府的改革能力可以采用定性的指标来进行评估，如机构设置与行政适应度、政府决策民主化水平、政府行为法制化水平等。在政府绩效的平衡计分卡中，贵阳市公安交通管理局"数据铁笼"绩效学习与成长维度主要表现在以下两个方面：

一方面，对于组织内部员工而言，便是个人执法诚信档案建设，这不仅有利于对他们形成监督，还有利于其自身的学习与成长。个人执法诚信档案包括数据记录、风险预警、效益分析和诚信评价四个模块。要求每名机关民警每天打考勤、写工作日志。外勤民警考核则要求每项执法行为必须附有音视频资料，借助大数据平台融合分析其执法热点、违法热点、执法排名、执法趋势等。据介绍，如果民警不打考勤、不写日志、不打开执法记录仪，或者外勤民警在室内时间过长等，系统就会在第一时间自动向民警本人推送预警消息，提醒修正，三天未修正预警信息会发送至上级主管，四天便会发送至监督部门。

另一方面，对于组织外部而言，学习与成长便是"数据铁笼"的绩效扩散和其他部门的跟进学习。2015 年 3 月，贵阳市制定了实施"数据铁笼"的"时间表"：第一批市住建局、市交管局两家单位要不断优化、提升、完善自身"数据铁笼"，实现对权力的无缝监督；第二批市发改委、市民政局等 14 家单位要加快进度，持续推动基础数据采集向"块数据"运用转变、加快业务系统关联性建设等工作，确保 2016 年 5 月底前试点项目全部投入运行，并在前期重点业务功能模块建设的基础上，完成其他业务功能模块的建设工作，2016 年 9 月底前纳入融合平台，实现"数据铁笼"贵阳模式的标准化、规范化、分类化；第三批 24 家单位要完成"数据铁笼"实施方案编制工作，认真梳理"三清单一流程"（权力清单、负面清单、风险清单和业务流程），全面清理各项行政权力和服务管理事项，首期选定 2~3 项权力寻租空间大、群众关注度高的部门行政权力和服务事项，作为编织"数据铁笼"的项目开展建设，2016 年 8 月底已完成测试并试运行，9 月底全面完成项目建设并投入运行。

第六节　本章小结

国家治理的现代化水平有赖于治理技术的提升和方法的改善，而大数据的发展正在逐步塑造着现代社会的治理理念、过程和方法。贵阳市公安交通管理局打造的"数据铁笼"正是大数据推动下的一种新的治理工具。它将"管住人"作为关键，"关注事"作为重点，"管住权"作为核心，根本上打破了传统的政府治理模式，为风险防控和廉政建设构筑起了一道"铜墙铁壁"。政府的任何一项公共事务都是对社会公共价值和资源的权威性分配，其目的是改善和提升全社会的公共福利水平。但长此以往，政府的公共服务产生过程具有很大的随意性和模糊性，有很大的自由裁量空间，从而导致了寻租腐败和绩效合法性危机等现象的出现。"数据铁笼"从根本上改变了传统的绩效产生模式，使绩效的信息数据化、生产透明化、结构多元化、问责规范化以及结果合法化。

那么"数据铁笼"牢固吗？我们从平衡计分卡的四个指标维度做了细致的考察，可以给出肯定的答案。从财务维度来看，使运行过程中的监督成本和行政执法成本得到了切实有效的控制，节约了大量的公共资源。从社会公众满意维度来看，它简化了办事流程，提升了办事效率，也为民众投入政府公共绩效产生过程开启了一扇"窗户"。从业务流程维度来看，它使权力运行更加规范，促进了公共服务资源的有效配置，推动行政执法效率的提升，是管理迈向精细化，同时也倒逼政府部门进行改革。从学习与成长维度看，它促使公务员提高办事效率，提升服务意识且使工作服务流程规范化。但在"数据铁笼"运行实践中，要防止数据暴力、数据鸿沟和数据泄露等现象的出现。最后我们给予"数据铁笼"新的愿景，那便是公共绩效的生产过程更加透明和智慧，促使政府绩效治理水平不断改善，走向高水平的现代化绩效治理。

第四章

技术监督：第四种监督

——"数据铁笼"的可行性及其限度

在中华人民共和国 70 年的政治实践中，尤其是改革开放 40 年来，我国在建立健全权力监督体系、巩固完善权力监督手段等方面进行了不懈的探索，取得了令人瞩目的成绩。但与此同时，现行的公权监督体系和手段还有待完善，存在着"漏监""虚监""弱监"等问题。为此，党的十八届四中全会明确提出，要加强监督制度建设，形成科学有效的权力运行制约体系，增强监督合力和实效。随着信息技术的发展和普及，人类社会已然迈入大数据时代。这一新形势正在深刻地影响着人们的思维观念和行为方式，正孕育着权力监督机制的变革。

近年来，贵阳市大力推进大数据战略行动计划，积极探索大数据与政府治理创新的新实践，正跻身于全国先进行列。2015 年 2 月，贵阳市公安交通管理局作为贵阳市第一批试点单位之一，全面启动了"数据铁笼"行动计划。"数据铁笼"是贵阳市交管局以大数据思维为指导，运用大数据技术，通过大数据融合分析以实现对履职行为的有效监控，从而探索权力监督新机制的行动计划。它不仅是一种关于权力监督的观念的转变，更是方法的创新和变革，可以创造出一种新型的权力监督方式，即数据监督。因此，本章在总结贵阳市公安交通管理局"数据铁笼"的新探索和新经验基础上，讨论权力制约监督的新理念和新机制——技术监督。这也将成为地方政府乃至国家推进治理体系和治理能力现代化建设时迫切需要研究的一大课题。

第一节 传统权力监督概述

一、传统权力监督类型分析

权力监督是指监察并督促权力的运行，以符合公共利益的需求。权力具有强制性、扩张性、排他性、诱惑性等特征，如果任其自然发展，很容易造成权力异化现象。诚如阿克顿勋爵那句警世名言所言："权力导致腐败，绝对的权力导致绝对的腐败。"①同时，人不是天使，"永远不能完全摆脱兽性"②，我们不能单纯地指望人在掌握权力后不会只顾追求自身利益的最大化。就像法国思想家孟德斯鸠所言："一切有权力的人都容易滥用权力，这是万古不易的一条经验。"③换言之，政治权力必须被置于有效的监督之下以防止其被滥用。在大数据应用之前，根据制约权力的不同力量来源或主体，权力监督方式可归纳为三种：以权力监督权力、以权利监督权力、以社会监督权力。④

（一）以权力监督权力

"从事物的性质来说，要防止滥用权力，就必须以权力制约权力。我们可以有一种政治制度，不强迫任何人去做法律所不强制他做的事，也不禁止任何人去做法律所许可的事。"⑤这是孟德斯鸠为资本主义政治权力监督定下的基本思路，即强调以权力制约权力，尤其是设置三权分立制度。

---

① 阿克顿. 自由与权力 [M]. 侯建，范亚峰译. 北京：商务印书馆，2001：286.

② 汉密尔顿，杰伊，麦迪逊. 联邦党人文集 [M]. 程逢如，在汉，舒逊译. 北京：商务印书馆，1980：264. 中共中央马克思恩格斯列宁斯大林著作编译局. 马克思恩格斯选集（第三卷）[M]. 北京：人民出版社，1995：442.

③⑤ 孟德斯鸠. 论法的精神（上）[M]. 张雁深译. 北京：商务印书馆，1961：154.

④ 郭道久. "以社会制约权力"：理念、内涵和定位 [J]. 延安大学学报（社会科学版），2011（3）：5-10.

事实上，改革开放以后，我国在创制权力制约和监督体制时也非常突出乃至最为重视这种权力监督形式。正如邓小平在《党和国家领导制度的改革》中指出的："我们过去发生的各种错误，固然与某些领导人的思想、作风有关，但是组织制度、工作制度方面的问题更重要。这些方面的制度好可以使坏人无法任意横行，制度不好可以使好人无法充分做好事甚至走向反面。"①不过其中需强调的一点是，我国并没有照搬西方的三权分立模式，而是主要用议行合一的形式来实现对权力的制约和监督。

概括地讲，在我国，以权力监督权力是指国家机关内部或国家机关之间，依据宪法、法律、法规等，对政治权力的运用进行监察和督促。这种监督所要解决的是权力内部的制约问题，其主体是掌握权力的国家机关或人员，形式是将国家政治权力划分成不同的组成部分以形成"政治均势"，②效果则是对权力的强制性制约。具体来说它包括：立法监督、司法监督、行政监督。

立法监督指的是各级人民代表大会及其常务委员会对各级国家行政机关和司法机关及其工作人员的监督。我国宪法规定一切权力属于人民，人民通过人民代表大会来行使国家权力。各级国家行政机关、审判机关和检察机关由同级人民代表大会产生，对它负责，受它监督。人大闭会期间，人民的权力由人大常委会代行。人大及其常委会的监督形式主要有：检察国家机关及其工作人员执行国家法律法规和国家方针政策的情况；听取和审议人民政府、人民检察院、人民法院的工作报告；审查和批准国民经济与社会发展计划、经济发展预算和决算及其执行情况的报告；有权修改或撤销本级政府和下级政府制定的与宪法、法律相抵触或不适当的行政法规、决定、决议和命令；有权向同级政府或所属部门提出质询和询问，受质询或询问的机关必须负责答复；各级人大常委会设有信访机构，受理公民对于国家行政机关、司法机关工作人员违法、失职、侵权行为的申诉、控告和检举；各级人大视察政府工作、司法工作，并就本行政区内出现的

---

① 邓小平. 党和国家领导制度的改革 [A] //邓小平文选（第三卷）[M]. 北京：人民出版社，1993：333.

② 罗素. 权力论：新社会分析 [M]. 吴友三译. 北京：商务印书馆，1991：201.

重大违法、失职事件，成立专门的调查委员会进行调查和处理；各级人大有权选举、决定和罢免同级行政机关和司法机关的组成人员。

司法监督是指检察机关和审判机关对国家机关及其工作人员的监督，针对的是具体政治行为中的违法问题。人民检察院的监督方式主要有三种：对叛国、分裂国家和严重破坏国家政策法令的重大犯罪案、国家工作人员侵犯公民权利案和渎职案等案件进行侦查起诉；对公安机关和国家安全机关的刑事侦查活动、看守所及劳改机关进行法律监督；通过对行政诉讼的监督，间接地规范行政权。另外，人民法院通过审理与国家机关及其工作人员有关的案件，处罚国家工作人员违法犯罪行为，来实现对国家机关管理活动的监督。

行政监督是指国家行政机关自身内部的监督。这种监督主要采用三种形式，分别是一般性监督、专门性监督以及业务性监督。这里的一般性监督包括上级行政机关对下级行政机关及其所属部门、上级领导对下级工作人员的监督（自上而下的监督），以及下级行政机关及其工作人员对上级行政机关及其工作人员的监督（自下而上的监督）。它通常体现为下级行政机关向上级行政机关报告工作、上级行政机关派员检查下级行政机关的工作、上级行政机关派人参加下级行政机关的各种会议或听取汇报等。行政机构系统中的专门性监督是指由专门设立的行政监察部门对行政机关及其工作人员进行的监督。我国的行政监察机关包括县级以上各级人民政府的监察机关、向所属部门派出的监察机构。它们的职权主要有：检查行政机关在遵守和执行法律、法规和人民政府的决定、命令中的问题；受理对行政机关及其工作人员违反行政纪律行为的控告、检举，并对其进行调查处理；受理工作人员不服其主管行政机关给予行政处分决定的申诉等。①业务性监督指的是由某些特定的国家行政部门对一定的行政活动进行的监督，比如审计监督、技术监督、商业外贸监督、卫生监督等。其中最重要的是审计监督，其主要职责是：依据国家相关法律和财政经济法规，审查行政机关的财政收支和财务活动的情况；监督国家预算的分配和使

---

① 新华社. 中华人民共和国行政监察法［EB/OL］.［2016-09-13］. http：//politics. people. com. cn/GB/1026/11978021. html.

用是否合法、合理和有效；预防和纠正国家财政活动中的弊端和违法乱纪行为。

(二) 以权利监督权力

由于以权力制约权力具有强制性，所以它是一种可操作性强且效果显著的权力监督方式，但其主要的缺陷在于对公民力量或权利的忽视。因此，弥补缺陷最直接的办法就是将公民的力量或权利以法律的形式吸收进权力监督体制当中，由此产生出以权利监督权力的制约模式。众所周知，自启蒙哲学家提出人民主权观念以来，现代国家最根本的合法性来源就是人民的赋权。根据主流的人民主权理论，个人享有各项自然的权利，但为了保障这些权利的实现，人们让渡了自己部分的权利给国家或政府。既然人民并不直接行使国家权力，那么人民就是从国家权力系统外部而非内部来实现对权力的监督。在我国，人民是国家的真正主人，而政府人员则是公仆，其权力本质上是一种契约委托权。因此，一切国家机关及其工作人员所掌握的权力都必须接受各种形式的监督，这既能保障作为委托人的公民自身的权利，也能维护作为代理人的国家机关的权力合法性。

从理论上来说，以权利监督权力是指公民依照法定权利对国家机关及其工作人员的监督。这种监督应对的是权力外部的制约问题，其主体是公民个体，形式是从公民权利出发，以作为权利的具体形式的法律为依据来制约国家权力，效果则是非强制性制约。

相比其他的权力监督模式，以权利制约权力模式最具理论性。如果缺乏一套高度实践性的机制作为补充和完善，那么它就很难成为现实。从各国的政治进程和发展来看，这套实现机制就是法治。权利必须以法律的形式固定下来并得到保护，而公民可以以法律的规定为依据，以法律的权威为力量来维护自身的权益，并对侵害权利的权力行为加以监督，寻求对权利的法律救济。在我国，根据宪法和相关法律法规的规定，公民有权直接向任何国家机关及其工作人员提出问询、批评和建议，也有权对任何国家机关及其工作人员的违法失职行为，向有关国家机关提出申诉、控告或检举。在实际过程中，公民可以采用行政诉讼、上访、新闻舆论等方式来实践这种监督行为，以维护自身的合法权利和利益。当然，权利规范是静态的，只有公民形成强烈的权利意识，特别是在权利遭到侵害之时，才会积极主动地去维护自身的权利。随着我国改革开放事业的不断推进，公民们日益卷入市场经济的活动中，这使他们的权利意识得到了大幅度的增强，从而也使以权利监督权力的模式逐渐落到了实处。

（三）以社会监督权力

虽然公民个体确实可以通过某些途径和措施来监督政治权力，但这种监督的效果并不理想，因为个人的力量与影响非常有限。为此，以托克维尔和达尔为典型的西方经典民主理论家试图通过社会力量来制约公共权力，借此来集中表达公民的权利。政府因社会的需求而产生，而社会不同的利益需求又由各种不同的社会组织力量（如利益集团、第三部门等）所代表，这些社会组织共同形成了多元化的社会整体。从政府与社会组织的关系上看，作为独立的社会力量，社会组织可以对政府权力施加压力和监督。①在我国，随着社会主义民主政治的发展，尤其是在建设科学有效的权力监督制度的新形势下，以社会监督权力的思路和方式日益得到重视。

结合我国的国情，以社会监督权力指社会团体和组织、社会舆论等社会行为主体，依照法定权利，对国家机关及其工作人员的权力活动的监督。就像以权利监督权力，这种监督也是以非强制的方式来解决权力外部的制约问题，但其主体却变成了社会领域中的组织群体，形式则是通过社会力量的政治参与来依法制约国家权力。它大致可以分为社团组织监督和舆论监督两个方面。

社团组织监督是指人民团体、群众自治组织和各种专业性社会组织对国家机关及其工作人员的监督。在我国，人民团体主要有人民政协、各民主党派、工会、共青团、妇女联合会等；群众自治组织有城市居委会、农村村委会和职工代表大会；专业性社会组织有律师协会、记者协会等。这些社团组织都能在一定程度上反映和代表部分群众的特殊要求和利益，因

---

① 参见达尔. 民主理论的前言 [M]. 顾昕等译. 北京：生活·读书·新知三联书店，2000；205-206.；托克维尔. 论美国的民主 [M]. 董国良译. 北京：商务印书馆，1989；635-639. 具体讨论见郭道久："以社会制约权力"：理念、内涵和定位 [J]. 延安大学学报（社会科学版），2011（3）5-10.

此能够对公共权力的运行发挥某种监督作用。目前，社团组织的监督主要体现在两个层面：一是在党和国家的法律政策的制定和执行过程中对国家机关及其工作人员的权力行为实行监督；二是基层单位（基层政权、企事业单位）参与民主监督。以人民政协为例，作为爱国统一战线组织，它可以通过政协委员视察工作，对国家机关及其人员提出批评和建议；通过政协委员列席人大或人大常委会的某些会议，听取政府工作报告，并提出建议和意见；通过召开政协会议，讨论党和国家的大政方针，并发表意见。

在当前，舆论监督通常指的是借助报纸、书刊、广播电视、互联网等新闻媒介对国家机关及其工作人员进行监督。这种监督主要通过传递民意或动员舆论的力量来实现的，其过程大致如下：第一步是知情，新闻舆论界从政府机关及其人员那里或通过其他信息渠道获悉关于政务方面的信息；第二步是报道，通过大众传播媒介将自己所获取的政府活动信息以及对这些信息的评论乃至批评，向社会公布或披露；第三步是监督，影响和动员社会舆论，形成对政府的监督。

二、传统权力监督的特征

经过长期不断的探索和实践，我国已经形成一套比较全面、完整的权力监督与制约体制。这套体制的建立与完善，既能反映出人类社会政治现象中的一般规律，也与我国政治在发展中呈现的特殊规律密切相关。具体而言，它呈现出如下鲜明的特点：

（1）多元的监督主体。我国权力监督的主体有立法机关、司法机关、社团组织、社会舆论及普通公民，它们从不同的角度和地位，发挥自己的监督作用，以保障权力的合法、合理的运行。

（2）广泛的监督领域。我国现行的权力监督的形式和渠道多种多样，这是由监督主体的多元化决定的。可以说，监督网纵横交织、辐射面广，使各种监督客体均处在某种程度的监督之下，基本上不存在监督的"空白地"。从监督对象的活动领域看，国家机关及其工作人员在政治、经济、文化领域行使的权力都受到比较全面的监督。①

（3）多样的监督机制。目前，我国权力监督集中体现了制度性制约原则，其具体的运行机制可以归纳为三种，分别从不同方面较有力地保障了公共权力的规范化运行。首先是以权力制约权力的机制，其核心是分权与制衡，在不同的权力机构之间构建起监督与被监督或者相互监督的关系。其次是以权利制约权力的机制，要求权力的运行必须以维护公民权利作为最终目的，公民的各项合法权利理应起到限制、阻遏权力机构滥用或不当使用权力的作用。最后是以社会制约权力的机制，强调的是以社会领域中多元的组织力量来制约国家机关及其工作人员所行使的权力。

（4）统一的监督力量。随着政府的一元化公共管理行为转变成由政府、社会组织、公众等共同参与的公共治理模式，以权利监督权力尤其是以社会监督权力的机制的重要性和有效性也日益凸显。但从长期的政治实践来看，以权力监督权力的机制仍然具有非常强劲的生命力，并受到很大的关注。因此，我国目前就形成了以权力监督权力为主导，并辅以以权利监督权力和以社会监督权力的多维度、多层次、较为统一的权力监督体系。

三、传统权力监督的困境

总体上看，我国目前的权力监督体系是比较系统、全面、有效的，对于确保政府机关及其工作人员政治权力的正确行使着实起到了不可低估的作用。但这并不是说该体系已经完美无缺，没有任何缺陷或不足。政治现实表明，我国政治生活依然存在着相当多的权力滥用和权力腐败现象。尤其是我国正处在社会主义市场经济转型时期，经济体制改革所要求的政治体制改革长期滞后，这使现行的传统权力监督体系的发展遇到了不可避免的瓶颈。然而，大数据时代的来临似乎可以为化解这一发展困局提供一定的契机。因此，本书不打算面面俱到地讨论当下中国权力监督体制存在的

---

① 黄鑫. 改革和完善我国国家权力制约和监督体制的思考［D］. 曲阜：曲阜师范大学硕士学位论文，2004：18.

缺点，只分析那些应该能够被大数据技术所解决或缓解的较为严重的问题。

（一）监督权结构失衡

根据空间维度，权力监督的指向包括自上而下的监督、平行监督以及自下而上的监督。自上而下的监督形式主要有上级机关和领导对下级机关及其工作人员的监督，主要指公民监督和社会监督。平行监督主要包括同级政府机关及其工作人员之间的监督。一个健全的民主国家应当合理配置上述三种指向的权力监督，使其构成有机的统一体。但就目前来看，我国的权力监督主要实行自上而下的模式，结果导致我国权力监督结构失衡，部分环节上出现了监督空当。这主要表现在：

第一，平行监督较为薄弱。邓小平曾说，"上级不是能天天看到的，下级也不是能天天看到的，同级的领导成员之间彼此是最熟悉的""同等水平、共同工作的同志在一起交心，这个监督作用可能更好一些"。①可见，既然同级者之间对对方其人其工作更为熟悉，那么彼此之间的权力监督也势必会非常有效。然而实际情况表明，我国同级监督主体在权限上大多受制于监督客体。比如，当前对行政监察部门实行的是双重领导制，既受同级党委领导，也受上级行政监察部分领导。但受上级领导只是体现在业务关系上，这样同级行政监察部门就难以监督党委，特别是很难对党政部门一把手构成监督。同时，我国同级部门之间缺乏信息互通机制，使得平行监督也会因为信息共享不足而难以有效施展。总之，平行监督往往成为一种监而不督的"虚监"。

第二，自下而上的监督乏力。任何政党脱离了群众都将一事无成，中国共产党更是重视自身的群众基础。因此，党的群众路线决定着社会对政府进行监督具有非常重要的意义。随着互联网媒介的普及和政府机关部分活动信息的逐渐公开，新闻舆论、公民等社会监督主体的作用日益提高。但我国倒金字塔式的信息传递模式仍未从根本上得到改变，信息不对称现象依旧在很大程度上影响着社会监督的效力。事实上，另一种主要形式的

①　邓小平. 邓小平文选（第一卷）［M］. 北京：人民出版社，1994：384.

自下而上的权力监督，即下级官员对上级领导的监督，也遇到了相似的问题。下级因为对上级负责的不少工作事务尤其是人事任免方面不了解、不知情，谈不上履行自己的监督职能。结果，自下而上的监督的乏力现象依然非常突出。

（二）前瞻性监督不力

按照时间维度，权力的监督可分为事前监督、事中监督和事后监督三个方面。事前监督主要是解决如何授权、如何选拔任免干部，以及如何制定权力运作规范等问题。事中监督是指对权力运行过程的监督。事后监督是一种发生在权力运行之后的监督，主要体现为对违法乱纪行为的种种处罚。监督主体理应全程介入监督客体的权力活动，做到事前、事中、事后三个阶段监督的有机结合，这样才能更好地达到监督的效果。不过一直以来，我国通常把监督工作的重心置于纠偏于既遂上，更偏重追惩性的事后监督，而轻视权力腐败发生前的防治和权力滥用过程中的控制，由此导致权力运行偏差频繁出现，监督机构和人员忙于应对查错纠偏，陷于被动的不利局面。

首先，事前监督不精细。监督工作应以预防权力滥用为主，因为防患于未然是最具效果也是成本最低的治理方式。但必须承认，不论是在授权环节，还是在选拔任免干部和规范权力使用环节，我国均在不同程度上存在着实体性规定较多、具体操作性的程序和规则较少的问题。对干部的选拔和考核缺乏系统的、针对性强的细则，也没能充分调动各方人员的参与，简言之，粗放式的事前监督无法实际有效地防止权力腐败现象的丛生。

其次，事中监督不及时。这主要表现在忽视对党政领导干部滥用决策权和执行权的监督。由于我国干部人事制度存在一定程度的不完善等原因，不少领导干部滥用手中的决策权，对于一些重大事项的决定，凭经验来决策甚至以权谋私，从而偏离甚至违背了人民的利益和需求；而在整个过程中，监督部门和人员又往往很难介入，从而不能及时获悉有关情况并对之加以监督。另外，在我国还有一种典型的现象，即上有政策下有对策现象，使执行结果背离原定的目标；而对此的监督工作又不能及时展开，以致很多腐败行为越发猖獗。可见，如何加强权力运行过程中的监督控制仍是我国必须面对的一个重大课题。

（三）监督合力不足

权力监督体制应是一个完整的、有机的整体，各个监督主体能否充分发挥自身的监督功能，在根本上取决于它们彼此之间是否能够保持协调一致。目前，我国已经形成一个共产党领导下的监督主体多元化、监督方式多样化的权力监督体制，这是一项重大的成就。但这一优势没有得到切实有效的体现，因为当前各监督主体工作上的相互配合也不够，各自为战或越俎代庖的问题仍然时有发生，进而导致监督工作有重叠或存在盲点，互争管辖权或相互推诿的现象频频发生。比如，在我国的权力运作系统中，监察部门负责监督政府官员和司法人员，法院负责监督有犯罪嫌疑的公职人员，人大则负责监督政府和司法部门的组成人员。因此，这些监督主体在实际工作中往往存在着职能交叉的情况，其监督对象有时甚至是同一个客体。这就难免造成相互扯皮、工作重复等现象，也有可能导致监督疏漏，一些违法违纪的公职人员得不到监督，还可能造成各监督主体为体现自己的工作业绩，争抢监督严重的权力腐败行为。[①]总之，由于各监督主体之间的关系没有理顺，我国现行的权力监督体制尚未形成有效的监督合力，这大大削弱了权力监督的功效和作用。

总之，从时空维度与合力视角来看，现行权力监督体制过于注重自上而下的监督、事后监督，各监督主体和渠道之间未形成有效的监督合力。具体而言，当前对权力的制约缺乏对决策和执行部门的全过程监督，缺乏规范的权力和责任清单，缺乏对权力风险点的全面梳理和控制，缺乏公民和社会的有效监督，缺乏对权力监督主体的有效整合。换句话说，权力监督在目前没有覆盖权力运行的所有领域、所有流程以及所有时间节点，因此也就难以构成系统的监督平台。除制度设计不够完善外，导致这一现象的原因还有技术层面上的，即监督信息尚未充分实现标准化、客观化、共享化。在大数据时代，一种新型的权力监督形式——技术监督应运而生，

---

① 李晓广. 论当代中国权力监督体系 [J]. 中国特色社会主义研究，2005（1）：39-42.

它充分运用现代信息技术，结合制度的力量来化解当前单一制度化权力监督的困境，实现对权力制约机制的历史性革新，最终真正使得权力监督实现整体化和体系化，从而有效地做到三个"全"：全领域、全流程、全天候。

第二节　以技术监督权力：权力监督的新模式

众所周知，科学技术及其产业化的发展，不仅可以改变国家治理的目标和任务，还会改变国家治理的技术和方法。作为当前国家治理能力现代化建设的重要一环，权力监督除了受到政治、社会、经济和文化等因素的影响外，也受到科技发展，尤其是信息技术发展的影响。大数据（Big Data）就是当前信息革命最重要的产物之一，面对当前我国权力监督机制的困境，它势必会成为提升权力监督效能的新途径。

一、技术监督的内涵与特性

2008 年 9 月，英国《自然》（Nature）杂志推出了以"大数据"为主题的专刊，标志着"大数据"概念开始正式推广。2011 年 5 月，美国麦肯锡（McKinsey）公司发布了针对大数据的一份报告，首次宣布"大数据时代"已然来临，并对大数据概念做出了明确的界定："大数据是指其大小超出了常规数据库工具获取、储存、管理和分析能力的数据集。"[1]我国学者徐继华则认为"大数据不仅是一项工具，更是一种理念和制度"。[2]虽然目前还没有形成一种关于大数据统一的定义，但确定无疑的是大数据既有技术属性又有社会属性。据此，当前学界和产业界通常将大数据的核心特征归纳成 5 个 V：①Volume（大量）：指数据的规模巨大，以 PB、EB 乃至

---

① 大数据治国战略研究课题组．大数据领导干部读本［M］．北京：人民出版社，2015：8.
② 徐继华．智慧政府：大数据治国时代的来临［M］．北京：中信出版社，2014：42.

ZB 作为计量单位。②Variety（多样）：指数据类型复杂多样，包括数字、数值等结构化数据，图、表、文字等半结构化数据，还有图像、音频、视频等非结构化数据。③Velocity（高速）：指数据采集和处理的速率呈几何级数提升。④Veracity（真实）：指数据是对经验世界的如实反映。⑤Value（价值）：数据整体价值高，但价值密度的高低与数据总量的大小成反比。

大数据的技术能力和思维理念为改革和创新权力监督体制提供了技术支持和观念基础，正是在这一划时代的变革趋势之下，贵阳市公安交通管理局开创性地探索了第四种权力监督方式——技术监督。换言之，本书所讲的技术监督是指通过构建大数据平台，对海量数据进行深度挖掘和关联分析，利用反馈的数据结果来实现对政治权力的监督，即运用大数据思维、采取大数据技术，通过用数据刻画权力运行过程和行为，进而进行权力监督。以贵阳市公安交通管理局"数据铁笼"为例，技术监督主要有如下特性：

（1）海量数据采集。权力监督所需的数据容量巨大且高度分散，涵盖公职人员的出勤和休假情况、履职轨迹、执法记录、投诉处理等各个方面。"数据铁笼"利用各种传感技术快速采集相关数据，并借助 PC 服务器构建集群和分布式平台，在多台计算机上建立分布式数据库。

（2）实时数据分析。依靠对不同数据库之间大量的结构性、半结构性以及非结构性的数据样本的聚集、整合，在最短时间内对海量数据进行智能化分析和处理，"数据铁笼"能够落实对权力及时有效的监督，并实现监督后的职能跟进与腐败预警。

（3）深度数据挖掘。"数据铁笼"采用联机分析、聚类分析技术，对实时数据进行多层次、多维度、全样本透视，深度挖掘海量数据信息之间的相关关系，精准捕捉权力运行失范的原因，实现精准监督、规律总结和趋势预测。

（4）层级数据共享。凭借数据可视化技术，"数据铁笼"将挖掘结果以图形图像、地图、动画等更加生动、更好理解的方式呈现出来，实现了交管局各部门、交管局与其他机构或人员之间不同程度地共享监督信息和数据。

二、技术监督的运行机制

在大数据时代，贵阳市公安交通管理局依托新的数据资源和技术理念，大力推进了权力监督方式的变革与发展，有效实现了全领域、全流程、全天候的权力监督，并不断增强扁平化的协同监督的效能发挥。不仅如此，贵阳市公安交通管理局还逐步形成了大数据技术在权力监督领域的应用机制，从根本上改革并重塑了权力监督模式，使权力监督体制的建设和发展迈向了新的阶段。

（一）数据仓库强化权力监督的数据支撑

随着大数据技术的运用和推广，监督主体获取监督信息的方式和渠道日益拓宽，原先很多不可量化、难以储存和共享的信息现在都能够被数据化并载入数据仓库中。目前，贵阳市公安交通管理局"数据铁笼"的履职数据主要来源于国家历史文件资料、部门内部管理信息系统、互联网产生的官民互动信息，以及物联网产生的行政执法信息，所有这些数据信息共同构成了"数据铁笼"的数据仓库。

第一，国家历史文件资料来源。中华人民共和国成立以来尤其是改革开放以来，我国在权力监督工作上成绩显著，积累了丰富多样的文件资料，比如有关的法律文献、政策文件、历史档案、电子文档、图像图片、视频录像等，这些文件资料成为贵阳市公安交通管理局权力监督工作重要的传统资源。第二，部门内部管理信息系统来源。贵阳市公安交通管理局掌握的人事组织、岗位职责、业务流程、行政执法细则等信息和数据，通过大数据平台扁平化的共享模式，夯实了对权力监督的部门内部数据支持。第三，互联网产生的官民互动信息来源。贵阳市公安交通管理局收集的网络问政、网上投诉等平台产生的文字图片和视频语音等信息数据，提高了权力监督的互动性和精准度。第四，物联网产生的行政执法信息来源。贵阳市公安交通管理局通过将执法记录仪、GPS 装置、视频监管设备、个人智能手机、"数据铁笼"手机 App 等工具和设备接入技术监督平台后自动生成的数据信息，提升了权力监督的实时性和精确性。

以上不同途径产生的海量信息需要"按照统一的定义通过清洗、转换、集成，最后加载进入数据仓库"。①具体而言，首先要对各渠道汇集的监督信息进行清洗，删除重复信息，然后再将余下的从结构化到非结构化的信息依据统一标准进行结构化的存储。另外，由于权力监督是一个动态的过程，相关数据随时需要补入、更替、清理，这就要求数据仓库还要建立起可持续的更新机制。

（二）数据挖掘分析权力监督的数据关联和数据规律

数据仓库中的数据来源非常广泛，类型极其多样，结构也异常繁杂，因此必须通过挖掘和分析才能应用到权力监督上。"数据仓库与传统数据库的最大差别在于前者以数据分析、决策支持为目的来组织存储数据，而数据库的主要目的则是为运营性系统保存、查询数据"。②借助大数据挖掘技术，"数据铁笼"能够从碎片化的履职数据中识别出实体和关系，而后分析海量数据集的相关性。在大数据时代，数据仓库技术使海量数据或"全数据"取代了"样本数据"，探索和研究不再依赖于少量随机抽样得来的数据。正是在"全数据"采集的驱动下，相关关系分析逐渐替代了以往强调的因果关系分析。③

基于大数据的相关性分析，"数据铁笼"发现履职数据的规律性，进而发现贵阳市公安交通管理局公职人员履职行为的规律性。通过数据比对，就能发现履职过程，即权力行驶过程是否存在违法违纪等行为，从而实现对权力的制约和监督。"一年的数据、一个地区的数据看不出太多的章法，随着跨年度、跨地区的数据越来越多，群体的行为特点会呈现出一种'秩序、关联和稳定'，更多的规律将浮出水面"。④通过探索多源异构的海量数据，"数据铁笼"建立关联性数据模型，找出其中隐含的履职规律，最终实现对权力监督模式的预测。相对于因果分析，关联分析反映出的监

---

① 涂子沛. 大数据［M］. 桂林：广西师范大学出版社，2012：93.
② 涂子沛. 大数据［M］. 桂林：广西师范大学出版社，2012：95.
③ 维克托·迈尔舍·恩伯格. 大数据时代：生活、工作与思维的大变革［M］. 周涛译. 杭州：浙江人民出版社，2012：29.
④ 涂子沛. 大数据［M］. 桂林：广西师范大学出版社，2012：54.

督规律和对监督的预测要更加牢靠准确，更具知识性，从而也更不易受到根深蒂固的偏见的影响。

(三) 数据可视化技术实现权力监督的数据共享和数据合力

为了充分发挥数据的社会性价值，数据信息的共享和开放是绝对必要的一个环节。贵阳市公安交通管理局"数据铁笼"首先是实现了各部门之间的数据共享，使履职数据真正向每一个工作人员开放。随后，"数据铁笼"又将履职数据向同级或上级监督部门开放，并通过互动平台让社会组织或个人参与进交管局的权力监督工作中来。最终，"数据铁笼"构建起多元化的监督主体格局，较为广泛地汇聚了众多监督主体的力量和资源，塑成强大的技术监督合力。

数据的开放与共享依托于大数据的可视化技术，"数据铁笼"正是运用这项技术将数据挖掘获取的复杂抽象的数据知识转换成便于理解、共享的文字或图形。"数据可视化技术实现了对挖掘结果从点线图、直方图、饼图、记分板到以交互式的三维地图、动态模拟、动画技术等的转换，实现知识的理解与应用从专家群体走向大众，拓展了知识的理解与应用范围"。[①]不仅如此，可视化技术使数据使用者能够根据自己的需求对数据资源进行加工、整合，并将自己可视化设计后的数据信息分享给其他使用者。也正是在这种良性的循环互动中，数据的潜在价值被进一步盘活，不同监督主体的功能之间形成了更加有效的协同作用机制。

三、技术监督的优势

大数据是一种积极的权力监督资源，通过数据存储、数据挖掘、数据可视化等技术，能为解决当前权力监督难题提供良好的契机和全新的途径。大数据的广泛应用，为权力监督体制的巩固和发展创造了前所未有的机遇，真正实现了对权力的全领域、全流程、全天候的制约，从而搭建起

① 苏玉娟. 比较视域下大数据技术的社会功能探析 [J]. 安徽行政学院学报，2015，6 (5)：104-107.

系统的监督平台。

（一）使权力运行更加公开透明，实现全领域的监督

长期以来，部门碎片化一直是我国国家治理面临的最棘手的问题之一。政府作为最重要的国家治理主体，实行较为封闭的、自上而下的单向度治理模式，该模式不仅造成横向部门之间难以实现充分的数据整合与信息沟通，纵向部门之间也比较缺乏双向度的数据信息共享，同时还导致政务数据很难做到对外的透明和开放。贵阳市公安交通管理局的"数据铁笼"工程则为克服这一难题提供了便捷之路。通过打造大数据平台，贵阳市公安交通管理局实现各部门之间数据资源的充分共享，借助云计算等技术手段对共享数据实行统一管理、综合利用，将大数据运用于权力运行的全过程，实现网上行政、网上审批、网上执法。该过程必然促使更多的信息和数据在各部门之间实现共享，甚至向监督机构和社会公开，从而实现自上而下、平行和自上而下相结合的全领域的权力监督，使监督变得更加高效、透明。

首先，平行监督得到了有力的推进。权力监督若要行之有效，监督主体就必须尽可能地掌握监督客体的权力活动信息。通过包含32个子模块的统一可视化数据平台，"数据铁笼"将所有行政和执法信息在全体部门之间共享，同级部门和工作人员因为知悉丰富的履职数据，自然更能突破部门隐性壁垒，有效地行使监督权。此外，作为客观化信息的数据也可以在一定程度上缓解同级监督主体受制于监督对象的问题。比如"数据铁笼"通过"电子笔记"制度，使机关民警每天的工作出勤和执法情况得以"全程留痕""实时共享"，从而便利了同级之间的权力监督。

其次，自下而上的监督逐步凸显。由于在人事制度上存在不足，贵阳市公安交通管理局内部下级监督上级的情况难以像同级监督那样有着明显的改观，但监督信息的高度共享毕竟使其变得更加便利和有效。据统计，2015年6月以来，贵阳市公安交通管理局通过"数据铁笼"的预警推送，发现并处理了11个单位的部分中层干部的违法违纪行为，其中有4名干部主动辞去领导职务。尤其是当所有数据和信息能在同一个系统平台上查询

并利用时，贵阳市公安交通管理局等于公开了自身权力运行的各个环节和程序，使权力在阳光下运行，实现行政与执法的透明化和公开化，社会公众、新闻舆论等监督主体就会拥有更多的监督政府活动的机会，倒逼政府规范权力的运行，最大程度地压缩权力腐败行为的寻租空间。比如，"数据铁笼"将12345、12328两套投诉热线系统融合进入数据平台，公众可以通过拨打热线电话，反映便民服务、行政执法等方面的权力越轨行为，敦促有关部门督察整改。

（二）使权力监督具有实时性和互动性，实现全过程和全天候的监督

当前，我国的权力监督通常较为缺乏事前、事中监督，更多地体现为事后监督，即权力行为实施后通过监督部门的介入和群众的举报等方式，调查并处理该权力行为的违纪违法情况。然而，权力行为不规范所造成的损失却是不可挽回的，监督成本非常之高；并且，监督是在怀疑权力行为不合法或不合理之后进行的，从而往往成为一种居于当事人背后的监督。①贵阳市公安交通管理局"数据铁笼"以网络化监督系统为中心，以传感器、物联网实时监督系统为辅助，建立起对各部门及工作人员的权力行为进行监督并接受各种举报的网络监督平台。"数据铁笼"的运行可以使大数据时代的权力监督具备以下两大优势：

一是实时性监督优势方面。"数据铁笼"充分利用网络快速而直接地收集履职数据信息尤其是履职风险点和关键点的数据信息，对数据进行深度的挖掘和分析，在此基础上科学地评估一切将要实施或正在实施的权力行为是否规范，并通过预警系统，使存在违法违纪风险的权力行为能够得到及时纠正。比如在酒驾处理过程中，只要"开启执法记录仪"这一业务流程启动，各环节产生的执法数据便会自动且及时地传送至数据仓库，接着"数据铁笼"利用"个人执法诚信档案预警推送模块"，实时监督履职者的执法情况，有效避免徇私枉法等权力滥用现象。并且，由于各种传感

---

① 沈国华. 大数据时代下的行政监督 [J]. 重庆行政（公共论坛），2016，17（1）：45-47.

器、网络监督系统日夜不停地运转，监督主体能够不受时间限制，随时都可以对监督客体行使的权力行为进行监察和督促，实现全天候的权力监督。可以说，"数据铁笼"将原本复杂的权力行为过程变得可视化、留痕化，使包括决策权和执行权在内的所有权力行为始终暴露在"第三只眼"的监视之下，真正实现前瞻性监督，从而最大限度地降低权力运行失范所导致的各种损失。

二是互动性监督优势方面。"数据铁笼"是一种客观开放的监督平台，监督对象可以在收到权力风险预警之后，及时主动地反映自己的情况或意见，与监督主体进行充分的交流和互动，提高监督的民主化，解决以往监督存在的背后调查问题。例如，很多外勤警员反映考勤的频率太高，在警务繁忙时容易疏忽，从而导致风险推送率变高。像这类问题，通过反馈便能得到相关部门的重视和及时处理。可以说，"数据铁笼"能够对权力施行全过程和全天候的监督，有效保障被监督者的知情权和反馈权。同时，结合公开透明的权力运行方式，"数据铁笼"还能运用客观化的数据来评估权力的活动范围，将模糊的权力转化成可视化的权力，制定出可操作性强的权力清单，并使干部考核与行政执法的数据痕迹挂钩，从而构建起更加科学化、具体化的考核指标清单。

(三) 使权力监督去中心化，形成监督合力

在大数据时代，由于网络技术的迅猛发展和社会问题的日趋复杂，政府不再位居权力监督体制的绝对中心位置，其他监督主体的地位和作用逐渐凸显。尤其是新闻舆论、社会团体和公民等都能随时随地借助移动设备、录像设备、微博、微信等工具记录下所见所闻的权力失范行为，从而正在发展成较为自主性的社会监督主体，对权力监督日益发挥出积极的影响。一种去中心化或者多中心化的权力监督模式开始逐渐成形，打破了以往的"中心—边缘"监督模式。

贵阳市公安交通管理局"数据铁笼"开发了投诉处理、网络问政等方面的监督平台，公民个人或组织可以通过这些平台实现论政、监督以及官民互动。"数据铁笼"利用多维数据分析技术，将碎片化的民众话语表达及时整合成系统的、可视化的民意信息，并对民意信息进行深度的关联分

析，得出科学、精确的处理结果并做出及时反馈。任何公民个人或组织现在都是一个信息源或信息中心，只要掌握有影响力的数据，就能通过大数据平台将微弱的权利诉求汇集成响亮的民意，引起政府的关注和重视，进而对权力的规范化产生重要影响。同时，随着监督方式和渠道的拓展，社会主体的监督意识和监督能力也会得到大幅度的提升。就像某辖区民众反映的："现在有大数据把民警的执法过程记录下来，对他们的监督就不会口说无凭了，他们的服务态度也变好了。"另外，据贵阳市公安交通管理局局长俞洋介绍："'数据铁笼'存储的所有数据不仅在交管局各部门之间共享，同级或上级监督部门也有权调用。"这在很大程度上促进了政府和党之间的协同监督。总而言之，"数据铁笼"在一定意义上实现了党、政府和社会间的良性互动，使原本较为分散的监督主体和监督功能发挥出更加有效的合力。

第三节　技术监督推广的可行性及其限度

　　贵阳市公安交通管理局通过推行"数据铁笼"计划，取得了令人瞩目的成绩，不仅行政执法的权力运行得到了卓有成效的监督，相应地也引起了业务流程、人事制度、信息管理、权责配置、精准服务等重要方面的科学化革新。既然贵阳市公安交通管理局的实践已经见证了技术监督的巨大优越性，那么当务之急就是研究技术监督能否在全国范围内进行大力推广。

一、技术监督推广的可行性分析

　　技术监督推广的可行性是指在对技术监督的理念和技术进行试点示范阶段之后，对其将来大范围推广应用的前景做出科学的预测和分析，为是否大范围组织推广提供基础和依据。其中主要研究的是，在全面的实证调研基础之上，分析论证技术监督模式在技术、经济、社会、政策等方面的可行性。

（一）技术分析

技术监督系统通过建立高智能化的大数据信息平台，利用数据仓库、联机分析和数据挖掘技术，使全样本履职数据转换为能够参与计算的变量，再借助可视化技术，实现数据信息的时空双重维度下的内外共享，最终使权力的运行得到全领域、多维度的实时监督。据贵阳市公安交通管理局某技术人员介绍："'数据铁笼'主要依托于 PC 服务器构架集群技术、数据挖掘技术以及数据可视化技术。"

首先是 PC 服务器构架集群技术。具体而言，PC 服务器架构集群的各个节点同时发挥计算和存储的功能，利用彼此由内部高速网络连接起来的多台计算机协同解决各数据仓库的数据整合与分析问题，从而大幅度提升对履职数据的计算能力与存储能力。其次是数据挖掘技术。该技术包括聚类分析、关联分析、数据分类和预测等重要环节，能够将海量数据转化为计算变量，进而实现对全体履职数据的深度挖掘。最后是数据可视化技术。该技术使挖掘结果从抽象变为具体，从复杂凌乱变为易解易用，实现数据的扁平化共享、应用和创新，进而加强各主体的监督合力。在大数据时代，以上几项先进技术业已得到广泛的普及和应用，我国完全有能力在各党政机关逐步推广权力监督的大数据技术。即便是那些技术条件确实落后的部门机关，仍然可以通过技术帮扶、人才引进和培训等方式来逐渐提高其对技术监督的认识水平和技术能力，实现权力监督模式的更新与转型。

（二）经济分析

从贵阳市公安交通管理局"数据铁笼"的具体运行来看，技术监督系统产生的经济成本有两种：直接成本和间接成本。其中，直接成本是技术监督系统本身造成的成本，如系统的建设费用、运行费用、维护费用，以及相关工作人员的薪酬等。这种成本的多少取决于技术监督系统的实施难易度和规模，还受到实施单位的管理体制的影响。间接成本是为更好地实现权力监督，实施单位在升级技术监督系统、提高管理水平、培训工作人员等方面所支出的费用，该成本的高低视实施单位的财政状况而定。目前，我国党政部门的财政配置有不均衡的现象和问题，这在一定程度上制约着技术监督系统全面深入的推广。尽管如此，"数据铁笼"的逐步推广总体上看仍然是可行的。

首先，大数据技术的成本优势。正如"数据铁笼"某技术管理人员所说，该优势主要表现在："技术监督系统通过使用较为廉价的 PC 服务器构建集群，大幅降低了数据存储的成本；数据仓库使数据资源向多部门、多主体开放，避免数据的重复收集，大大减少了数据的收集成本；同时，云计算实现了从占有数据到共享数据的转变，数据需求方可以不使用私有云，而是通过网络接入某个公共的数据云平台，租用存储空间、计算能力，并按使用情况付费，这就使数据需求方在无须预先资本投入的情况下使用数据资源，从而大幅减少了其对固定资产的投入、管理和维护成本。"

其次，实施技术监督之后，随着权力运行的透明化、科学化，无论是在政策制定和执行上，还是对人事、财务等的管理上，党政机关和部门的行政水平和能力都能得到有效提升，进而大大降低权力运作失范或混乱所额外产生的行政成本。例如，2016 年至今，贵阳市公安交通管理局通过"数据铁笼"系统自动发现并推送各类异常预警信息，使受理违法违纪案件同比下降 50%。就像贵阳市公安交通管理局某管理人员所言："通过平台数据就能详细记录各种工作状态，从而发现工作过程中的疏漏和不当之处，帮助及时纠正，最终提高行政效率、节约监督成本。"

最后，通过专项拨款等财政分配方式可以在很大程度上解决某些党政机关因资金不足而无法建设和启动技术监督系统的问题，而且这些机关还可以先在所属个别部门构建技术监督体系，然后再根据自身的经济条件逐步扩大技术监督的范围和加强技术监督的力度。例如自 2015 年以来，贵州省政府和贵阳市政府就从财政上对"数据铁笼"试点单位贵阳市公安交通管理局给予了大力支持，恰如贵阳市公安交通管理局某工作人员所说的："现在政府明确有这个意识了，所以我们的数据管理平台就比较顺利地搭建起来了，当然不是没有其他困难。"

（三）社会分析

随着市场经济的改革和发展，广大民众参与政治的意愿迅速增强，并且还要求党政部门提升社会服务质量。尤其是大数据时代的到来，越来越多的社会公众要求公共权力部门开放政务信息，将权力运行过程可视化，实现对权力的外部监督以及公共部门社会服务的精细化。从"数据铁笼"的运行效果来看，技术监督系统能够非常有效地满足民众的民主需求。由此可见，在我国全面推广技术监督系统非常有必要。

首先，社会个人或组织可以通过网络系统平台及时了解相关政务活动和权力行为，并以评价、问政、投诉等方式与党政部门之间实现合作、互动，进而对权力运行进行实时监督。例如，贵阳市交管局的"数据铁笼"在全市建设协同的行政审批服务平台，实现审批事项全程在线受理和办理，同时通过云平台对审批行为进行有效监控，办事群众也可通过投诉热线等途径及时反馈自己的意见，这既方便了群众办事，又使得政府行为受到群众的全程监督。正如某辖区居民所描述的："现在所有办事过程都放在了网上，很方便省事，也让我觉得更透明。"

其次，社会的监督反过来也提高了党政部门的服务意识，并且借助大数据技术，党政部门能够准确及时地定位和回应公众的需求，真正实现从网格化服务向精细化服务的转变。比如，贵阳市公安交通管理局"数据铁笼"中的"电子围栏"模块对全市的教练车、教练员、学员、计时过程等实行联网联控式的管理，实现了精准驾培；对全市的出租车和从业驾驶员个人情况进行实时的、全领域的监管，特别是如果乘客投诉驾驶员有拒载等越轨行为时，立即就可调出证据并精准回应乘客的需求。

总之，技术监督系统的运用可以更大程度地鼓励、协调和构建公民的政治参与，更精准地了解并回应社会的各种诉求，使权力活动变得更加公开高效，树立起更佳的公共部门形象，巩固自身的权力合法性基础。

（四）政策分析

自"大数据"概念风靡全球以来，美国、英国、德国、日本等许多发达国家均对大数据时代的来临做出了战略性的思考与回应，如通过明确划定相关的执行机构和管理机构，详细规定行动方案和重点项目，以战略布局推动大数据技术在本国的发展和应用。①我国政府也敏锐地意识到了这一国际发展的新趋势，正如李克强总理 2014 年 7 月 25 日在山东考察时所说："不管是推进政府的简政放权，放管结合，还是推进新型工业化、城镇化、农业现代化，都要依靠大数据、云计算。所以，它应该是大势所趋，是一个潮流。"②同时，党和各级政府出台了一系列政策和措施鼓励、支持技术监督系统的全国推广。

2013 年党的十八届三中全会在《中共中央关于全面深化改革若干重大问题的决定》中明确提出，"全面深化改革的总目标是完善和发展中国特色社会主义制度，推进国家治理体系和治理能力现代化"。在此大背景之下，党的十八届四中全会通过的《中共中央关于全面推进依法治国若干重大问题的决定》又指出，要"加强党内监督、人大监督、民主监督、行政监督、司法监督、审计监督、社会监督、舆论监督制度建设，努力形成科学有效的权力运行制约和监督体系，增强监督合力和实效"。可以说，权力监督体系的构建与革新是推进国家治理现代化的重要一环。在当前，大数据技术势必会成为包括监督体制建设在内的国家治理能力提升的关键资源。正如 2015 年 8 月 31 日国务院印发的《促进大数据发展行动纲要》所指明的，要建立"用数据说话、用数据决策、用数据管理、用数据创新"的管理机制，让"大数据成为提升政府治理能力的新途径"。

在党和政府的总体性布局和规划的指导下，我国很多地方政府也迅速开始重视大数据技术，并建立了专门的大数据管理局，这一新的政府职能部门主要负责拟订并实施大数据规划和政策，推动大数据的开发和应用。比如，广东省启动大数据战略计划推动政府转型，上海市研究与推进政府公共数据的整合与开放平台。③ 再比如，贵阳市实施"十大工程"，推进"数据铁笼"、数据政务、数据民生、数据定规立法、数据端产品开发等建

---

① 张勇进，王璟璇. 主要发达国家大数据政策比较研究 [J]. 中国行政管理，2014（12）：113-117.

② 王秀琼，韩淼，高杉. 李克强的"大数据观" [EB/OL].［2015-02-17］. http：//news. xinhuanet. com/photo/2015-02/17/c_ 127506615. htm.

③ 林艳艳. 大数据助推政府治理变革研究 [J]. 中国管理信息化，2015，18（23）：159-161.

设工程，力争把贵阳打造成"中国数谷"，为此，2016 年 3 月贵阳市还制定了详细的"时间表"，分四个批次，逐步优化、推进"数据铁笼"系统，最终于当年 9 月底前实现"数据铁笼"贵阳模式的标准化、规范化、分类化。

通过对"数据铁笼"在技术、经济、社会、政策等方面的可行性分析可以发现，将大数据技术运用于权力运行过程中，用数据来刻画履职行为，让权力行使过程公开、透明，从而实现对权力的制约和监督这种模式具有现实的可行性。

二、技术监督推广的限度分析

尽管全面推广贵阳市公安交通管理局的"数据铁笼"系统在总体设计上是切实可行的，也势必会对我国改革权力监督制度、提升权力监督效能产生重要而深远的影响，然而将大数据这项全新的技术和理念应用于权力监督领域在全球尚处于探索和实验阶段，仍有许多制度性和技术性的问题亟待解决。就我国而言，在广泛推广技术监督系统的同时，需要解决的问题有创新公共部门的结构模式，制定有关的标准规范和细则，解决某些数据技术难题，培养掌握大数据技术的复合型人才等。

（一）监督机构独立性不够

众所周知，权力监督体制的有效运行非常依赖于其地位的独立性，可以说，监督系统的独立性是权力监督的本质要求。目前，我国权力监督机构一般实行的是双重领导体制，这方面贵阳市公安交通管理局也不例外：监督机构不仅要受上级监督机构的领导，还受同级党委或政府的领导。但实际的运行情况通常是，权力监督机构在人事任免上依赖于同级的党委或政府，而在经费上则依赖于同级的财政。这就导致权力监督机构缺乏足够的独立性，同级党委或政府既是其领导者也是其监督的对象。①②在此情况

---

① 扈琴吉. 我国行政监督存在的问题及完善途径研究 [D]. 青岛：中国海洋大学硕士学位论文，2011.

② 沈国华. 大数据时代下的行政监督 [J]. 重庆行政（公共论坛），2016，17（1）：45-47.

下，权力监督机构运用大数据的意愿和信心势必会有所降低，尽管数据对权力行为的客观化留痕可在一定程度上缓和这一困难。

权力监督机构在技术监督系统中占据着非常重要的位置，如何改变它的附属性将成为推广技术监督模式面临的首要难题。也就是说，需要思考如何逐步实现对权力监督机构的领导从双重领导体制转向上级监督部门的垂直领导体制。唯有当权力监督机构在人事权和财政权上不受同级党委或政府的节制，而是接受上级监督机构的领导，它在行使职权时才不会受到监督对象的制约和干预，从而才会真正积极主动地利用大数据技术和理念来提升监督实效。

（二）监督流程界定不明晰

长期以来，我国对权力监督的流程或程序的规范一直存在着不够健全、缺乏操作性的问题，相继出台的一些相关法律法规基本上只能算是对监督程序的泛化规定，无法有效应对监督实践的复杂过程，从而难以充分发挥真正的效力。借着大数据应用的必然趋势，当前必须要思考如何进一步细化监督流程的标准和界定，否则大数据给权力监督体制改革带来的巨大机遇和助益势必会受到很大的限制，贵阳市公安交通管理局"数据铁笼"监督系统的全国推广也会因此而遇到不少阻力。具体而言，需要面对和解决的问题主要包括以下两个方面：

一是在权力监督内容、监督形式、监督保障等方面，要思考如何制定出更加切实可行的法律规定或法律解释，以改进当前比较模糊笼统的界定。只有当各个监督主体清楚知道自己的权利与义务，明白监督的范围和手段，才能真正有效地发挥出自身的监督功能和作用。比如，贵阳市公安交通管理局有一些警员虽然认同技术监督的效力，但同时也埋怨因为这种监督而使工作量加大了，"收入"减少了。其实这背后主要就是工资激励机制这样一个监督保障方面的问题，也是"数据铁笼"的运行过程中容易激化的一个旧矛盾。

二是大数据所引发的技术和思维革命，必然要求对技术监督制定和颁布详细而专门的法律法规，以适应社会治理能力发展的需要。尤其是需要思考如何对权力监督流程做出明确有效的规定，比如对数据收集的范围、标准和程序，对数据收集过程中涉及的权利义务关系等都要进行具体的法律界定。①例如前文提到的贵阳市公安交通管理局某些外勤警员对"数据铁笼"考勤制度的一些不理解在本质上反映出数据收集过程中相关人员的权责关系界定不够清晰。

（三）履职数据存在信息安全隐患

正如贵阳市公安交通管理局某技术管理人员所言："'数据铁笼'系统内在地要求实现数据的开放与共享，但这又会不可避免地产生所谓的信息安全风险。"具体来说，该隐患主要表现在以下两个方面：

一是数据开放与共享引发公务员个人隐私安全问题。技术监督系统高覆盖的数据感知体系和高速度的信息传递体系，使党政部门人员的工作活动和个人行为处于"全景敞视"的状态，随时随地都有可能被观察并记录下来，并在相当程度上受到社会的关注。这一方面能够更加有效地约束和规范公务人员的行为，另一方面却也如贵阳市公安交通管理局某些工作人员所担心的"可能会侵犯到公务人员的个人隐私"。这样的负面效应在群众监督中显得更为严重，个别群众可能会出于自身利益而非公共精神的考量，把技术监督平台当作一种发泄不满的工具，片面地，甚至偏激地利用平台数据。

二是数据开放与共享引发国家信息安全问题。技术监督系统的数据信息共享度越高，其存储就越集中，从而涉及党政部门的敏感和机密数据也更有可能被间接或直接地泄露、窃取，最终导致难以估测的信息灾难。

目前，我国已经颁布了一系列针对网络信息管理的法律规范，这为大数据时代的信息安全保护提供了一定的法律依据。同时，在引进和开发计算机和网络的安全技术方面，我国也已做出了令人可喜的成就。然而，既有的成果仍然无法非常有效地应对技术监督系统所带来的信息安全挑战，这主要表现在我们至今还没有建立起完善的"数据清单"制度。也就是说，在开放履职数据之前，公共部门应当通过数据开放风险评估，列出需要开放的数据，并对数据进行归类，排出开放的优先顺序，规定开放的范

---

① 沈国华．大数据时代下的行政监督［J］．重庆行政（公共论坛），2016，17（1）：45-47.

围和程度。因此，各个公共部门当前必须研究清楚自己开放的数据有哪几类，如何实现有序的开放，开放是针对所有人的还是针对部分人的。当然，还需要思考如何进一步推进对信息安全技术的研究和探索，从而降低信息安全风险。否则，对履职数据毫无章法的开放和共享，对恶意病毒、恶意代码、恶意软件等的入侵的防御能力不足，很容易造成信息安全隐患，进而将大大限制技术监督系统的全面推广。

(四) 专业技术人才匮乏

大数据是一项新型的技术发明，对它的科学研究和社会应用需要大量的高素质人才作为支撑。当前，大数据在我国权力监督领域的应用程度和水平比较低，部分原因就在于我们对大技术监督方面的专门人才队伍的建设力度不够。由于技术监督既涉及专业的大数据技术，又涉及公共部门管理、社会治理等多种实践性知识，因此我们首先要认清人才培养的目标，而不能只注重大数据的技术工程人员建设，否则必定会制约技术监督系统的推广。

另外，还要思考如何培育既清楚权力运行过程又掌握大数据技术的复合型人才。也就是说，公共部门需思考如何与高等院校、科研机构、大数据企业合作，共同建立技术监督人才培养机制。比如贵阳市公安交通管理局就在大数据技术方面积极实现政企合作，在大数据治理方面则主动与贵州大学公共管理学院展开深入的合作。尽管如此，只有当政府进一步加大政策和资金的支持力度，支持高等院校和科研机构设置相关专业和课程，鼓励高等院校、科研机构和相关企业为技术监督工作人员提供专业技术认知和应用的培训，才能为技术监督系统的推广提供人才保障。

第四节　本章小结

贵阳市公安交通管理局"数据铁笼"计划工程是对大数据时代下的权力监督机制重塑的重要创新和示范，它虽然在监督机构独立性、监督流程界定、信息安全以及专业技术人才等方面仍有很大的改进空间，但从技术、经济、社会、政策等层面上看，它也有着巨大的技术优势和推广价值。在国家倡导政府治理体系和治理能力现代化的大好局势之下，"数据铁笼"开创出一种基于大数据的第四种权力监督模式，即技术监督模式，为我国监督体制的改革和发展做出了重大的贡献。

技术监督利用客观数据这个"第三只眼"，使权力约制不再依赖于人的主观因素，变得更具刚性和时效性，能及时准确地寻找权力运行过程中的异常，并全领域地控制可能存在的风险点，真正做到对权力的"全领域、全流程、全天候"的监督，从而弥补了现行三类权力监督形式的根本缺陷，最终有效地实现了把权力关进制度笼子的目标。

当然，作为一种技术和理念的革新，技术监督并非简单地取代以往的权力监督模式，而是像贵阳市公安交通管理局在2016年2月16日的《"数据铁笼"行动计划试点工作汇报材料》中所说的："技术监督使现行各种监督形式'真正落地生根'，从而共同促成'让权力在阳光下运行'的政治新生态。"

第五章

"贵阳模式"：迈向大数据时代权力监督新模式

权力具有强制性、利益性、可交换性和扩张性等特点，这决定了权力监督和制约的复杂性。任何权力都具有潜在的扩张性和腐蚀性，不受制约和监督的权力，极易导致腐败。历史证明，当腐败发展到一定程度，就会引起民众的普遍不满乃至反抗，当权者就难免失去政权。如何对权力实行有效监督是一个世界性难题，同时也是提高政府治理体系和治理能力现代化的重要内容。党的十八届三中全会审议通过的《中共中央关于全面深化改革若干重大问题的决定》就强化权力运行制约和监督体系做出了明确要求和规定。习近平总书记在党的第十八届中央纪律检查委员会第二次全体会议上强调，新时期要加强对权力运行的制约和监督，把权力关进制度的笼子里。因此，把权力关进制度的笼子里，让权力在阳光下运行不仅是人类政治文明的共识，也成为政治实践的重要问题。如何将权力关进制度的笼子是新时期摆在各级政府部门面前的现实难题。原中央纪律检查委员会书记王岐山明确指出，解决党自身存在的问题，根本要靠强化自我监督。传统意义上的权力监督主要包括外部监督、事后监督以及局部监督，不能全天候、全领域、全流程，实现实时、动态地监督。同时，由于权力监督过程中监督的主体与客体之间存在着严重的信息不对称，不能做到事先对权力的滥用进行预警，导致权力运行存在寻租空间。随着信息时代的来临，尤其是以数字化、网络化、智能化为特征的大数据技术日新月异，为实现国家治理体系和治理能力现代化提供了有力的技术支撑，大数据不仅改变着企业的商业模式，同时也深度影响着政府的治理模式，尤其是在探索运用大数据技术实现权力监督的全天候、全领域、全流程方面更是一个重要的领域。

2015 年 2 月 14 日，李克强总理在贵州考察北京·贵阳大数据应用展示中心，了解到贵阳利用执法记录仪和大数据云平台监督执法权力情况时，强调把执法权力关进"数据铁笼"，让失信市场行为无处遁形，权力运行处处留痕，为政府决策提供第一手科学依据，实现"人在干、云在算"。2015 年，贵阳市公安交通管理局借助大数据融合技术，通过实施"数据铁笼"计划工程，有效实现了对职能部门权力运行过程的数据化，并经过加工整理对已收集数据的信息化，从而应用已提炼出的信息为权力监督提供决策支撑。2015 年 2 月，贵阳市委提出"数据铁笼"计划，旨在通过大数据融合分析实现对权力的有效监督，以此提升政府效能、规范权力运行。经过两年多的不断摸索，积累了许多成功经验。贵阳市政府在市属各部门大力推广贵阳市公安交通管理局的"数据铁笼"经验，尤其是将该模式运用于权力寻租空间大、群众关注度高、权力监督实施难的职能部门，前后共计 40 家单位实施"数据铁笼"工程，做到"数据铁笼"实践对贵阳市政府所有组成部门的全覆盖。由此可见，借助大数据应用技术实现对政府部门权力系统内部的监督不仅技术上可行，而且效果显著。从这个意义上讲，"数据铁笼"已成为贵阳市政府职能部门约束权力运行，实现自我监督的新模式，逐步在贵州省全面普及推广。在此，我们不妨将其概括为权力监督的"贵阳模式"。

第一节 "贵阳模式"：
基于"数据铁笼"的权力监督新模式

模式就是事物的标准样式。不同的学科对模式的概念、界定及内容都不尽相同。一般而言，经济管理学科认为成熟性、稳定性以及可复制性是模式的最基本内涵，是判别模式的三个基本特征。具体而言，所谓管理模式是指管理过程中形成的具有成熟性、稳定性以及可复制性的管理理念、制度或方法。因此，提炼"数据铁笼"的"贵阳模式"需要从"贵阳模式"的技术成熟性、制定稳定性以及可复制性三个维度展开分析论证，这也是本章分析研究的逻辑起点。

一、"贵阳模式"的技术成熟性

"数据铁笼"是将大数据技术应用于政府管理实践的创造性探索，因此，"贵阳模式"的成熟性首先体现为技术层面的成熟性。"数据铁笼"大数据融合平台采用德拓 DATRIX 超融合节点来搭建分布式架构的基础设施平台，提供存储、网络、计算、虚拟化资源，并具备横向扩展能力。通过德拓 DANA 数据管理引擎实现对数据的采集、分类、索引、检索、关联、交换、统计、分析等多维度的处理，并通过 DANA 标准 API 接口实现平台数据应用层的建设。整个"数据铁笼"分为个人执法诚信档案、分析核查系统、融合业务系统以及移动端应用四个部分。另外"数据铁笼"打通移动端应用和数据融合平台，实现数据的收集和风险预警的及时推送。实施"数据铁笼"的诸多技术应用成熟，衔接妥当。技术上如果不成熟会导致"数据铁笼"系统内部的脆弱性。"数据铁笼"运行两年来，系统不断进行拓展，不断加固、加密"数据铁笼"的"笼条"，没有出现任何技术上的失误，换言之，基于大数据技术的"数据铁笼""贵阳模式"具有技术成熟性。

二、"贵阳模式"的制度稳定性

一种模式除了具有技术上的成熟性以外，还必须具有制度上的稳定性。如果说技术上的成熟性是"贵阳模式"的内在硬件，那么制度上的稳定性则是"贵阳模式"的外在硬件。"贵阳模式"的稳定性为其的实施提供了组织上和制度上的保障，避免因主观因素导致该模式的频繁变动。实际上，为积极推进"数据铁笼"工程的实施，贵阳市公安交通管理局不断进行保障"数据铁笼"正常运行的制度建设。首先，贵阳市公安交通管理局对依法依规被授予的 8 大类 490 余项权力进行全面梳理，整理出每个部门的权力清单，绘制出各个不同职能部门权力运行的流程图，并按照流程合理合法地分配各职能部门的权力配置，明确各职能部门的职责，对民警个人的能力和岗位进行准确定位，权力运行流程十分清晰。更重要的是，贵阳市公安交通管理局在进行制度建设时，充分考虑到个人情况、年龄阶段、工作岗位等不同差异，做到了每位民警在权力运行的管理框架中准确的角色定位，从而明晰了工作人员的岗位职责。如根据民警工作属性制定的"电子笔记"制度，使民警的每项行动可查、可控、可追溯。同时，贵阳市公安交通管理局还创造性地提出了"时间银行"的概念，并基于此制定了符合实际的考勤制度和综合测评制度，通过"时间银行"精确记录民警的工作时长和加班时间，民警可利用累计的加班时间来请假。同时，根据"数据铁笼"对各民警业务内容的清晰记录，客观真实地评价各个民警的业务质量，使综合测评公平、公正、公开，有效地带动了各项工作的提质增效。所有这些制度的制定，不仅有法律、政策依据，而且更符合贵阳市公安交通管理局的实际以及岗位和人员的实际，真正做到了制度的科学性和有效性，保障了"数据铁笼"的施行。

三、"贵阳模式"的可复制性

发端于贵阳市公安交通管理局的"数据铁笼"工程经过近两年的运行实践，无论是从技术层面还是从制度层面均不断进行优化，技术上越发成熟、制度越发稳定，从而使模式越来越成形，越来越具有可复制性。贵阳市公安交通管理局作为首批"数据铁笼"试点单位，率先实施"数据铁笼"工程，通过将履职行为数据化、数据信息化、信息决策化的思路，成功把人、事、权皆纳入数据的"笼子"，有效实现了对权力运行全过程的监督。在不到两年的时间，贵阳市公安交通管理局从数据记录、风险预警、效益分析和诚信评价四个方面构建了监督贵阳市公安交通管理局的权力运行的"数据铁笼"。截至 2016 年 6 月，"数据铁笼"平台数据量已经累计近 2.7 亿条，系统自动发现并向当事人及不同层级管理层推送各类异常预警信息 2.1 万余人次，根据推送信息情况交管局下发督察整改通知书 17 次，对 11 个单位 32 名民警和中层干部进行整改督办和诚勉谈话，有四名中层干部主动辞去领导职务，两名民警主动辞职，受理违法违纪案件同比下降 50%。上述统计数据和运行实践表明，通过实施"数据铁笼"，对贵阳市公安交通局内部的权力运行实现了有效监管。同时，由于"数据铁笼"工程效果显著，第二批入选的发改委、民政局等 14 家单位，以及第三批入选的 24 家单位，共计 40 家单位先后借鉴贵阳市公安交通管理局的"数据铁笼"经验，借助"数据铁笼"监督权力运行的模式已经在贵阳市政府的所有职能部门复制和推广。不仅如此，自实施"数据铁笼"工程以来，贵阳市公安交通管理局先后接待省内外相关部门共计 200 余人次的参观学习和经验借鉴。这些都充分表明，贵阳市公安交通管理局的"数据铁笼"工程具有广泛的推广性和可复制性（见图 5-1）。

图 5-1 "数据铁笼"权力监督"贵阳模式"维度分析

资料来源：贵阳市公安交通管理局；图片由"数据铁笼"课题组绘制。

第二节 基于"数据铁笼"权力监督
模式的"贵阳经验"总结

权力监督是一个范围广、领域多、流程长、信息不透明的复杂系统工程，与政治、经济、管理等诸多方面息息相关，如何实现对权力的有效监督是世界各国政府共同面临的难题。鉴于权力监督的多维性、复杂性、动态性、综合性等特征，本书基于多维学科视角，从政治信任、目标导向，组织维度、运行成本以及动力机制五个维度构建研究框架。从政治层面看，首先要解释的是权力来源，尽管信任不能代替监督，但民众的政治信任是权力合法性的重要来源。德国社会学家卢曼（1979）在《信任与权力》（*Trust and Power*）一书中从新功能主义的角度出发，认为是信任降低环境的复杂性和系统的复杂性的简化机制。因此，本书首先从信任维度分析"数据铁笼"对权力监督的作用。从管理层面看，政府管理的目标是效率与公平，权力是服务于人民的工具，我国宪法规定"中华人民共和国的一切权力属于人民"。然而，由于目标的抽象模糊性，使权力在运行过程中常常迷失方向，经常发生缺位、错位、越位等现象，"数据铁笼"通过制度和技术的有机结合，实现"制度铁笼"与"技术铁笼"的有机捆绑，将目标具体化操作化于"数据铁笼"之中。因此，目标维度是刻画基于"数据铁笼"权力监督的维度之一。同时，在信息时代的大背景下，组织结构的扁平化是一种趋势，组织结构越臃肿，权力寻租的空间越大，流程越长，权力监督越困难。借助实施"数据铁笼"计划，贵阳市公安交通管理局成功将权力监督分解为行为数据化、数据信息化、信息决策化三个有效阶段，实现了权力监督的痕迹化管理。因此，组织维度也是刻画"数据铁笼"成效的重要维度。从经济层面看，"数据铁笼"的实施将权力运行监督内部化，权力运行过程透明化，权力运行风险预警化，大幅度缩短了信息传递路径，减少了人为主观性干预，节约了权力运行监督的成本，实现了"技术铁笼"与"制度铁笼"的有机结合。因此，成本维度是衡量"数据铁笼"成效的维度之一。从激励层面看，由于"数据铁笼"实现了信息决策化，创造性提出了通过"数据铁笼"记录的"时间银行"来安排员工休假制度，通过"数据铁笼"来实施对员工的考核，减少了人为的主观性干预，不唯上，不唯下，考核客观公正，激发了员工的工作热情，形成了多劳多得，少劳少得，不劳不得的激励机制，是驱动组织绩效不断取得进步的动力维度。因此，动力维度是衡量"数据铁笼"效果的重要维度之一，具体的维度分析框架如图 5-2 所示。

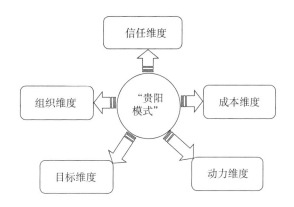

图 5-2 "数据铁笼"权力监督"贵阳模式"

资料来源：贵阳市公安交通管理局；图片由"数据铁笼"课题组绘制。

一、建设透明型权力监督的新模式：信任维度

现代行政学理论表明，为了保障社会的有序运作、有效管理，公众让渡一部分权利，形成国家权力，并由国家集中施政。这不仅是现代国家理论的基础，也是现代国家组织机构，即政府的合法性源泉。由于政府管理的范围广、权力载体多元，并且由于管辖对象、管制性质、管理内容等不同，导致权力运行的过程存在着高度的信息不对称，这就为权力寻租提供了可能。尤其是像交通、规划等实权部门，权力寻租的概率更高，更容易滋生腐败。从这个意义上讲，"数据铁笼"通过对权力运行全过程中的人、权、事实施全面监督，将权力运行过程的行为数据化，从而实现了内部权力运行的全过程透明公开，消除了传统意义上的权力运行黑箱化带来的权力寻租的土壤。党的十八届三中全会明确指出，全面深化改革的总目标是完善和发展中国特色社会主义制度，推进国家治理体系和治理能力现代化。尤其在大数据时代，如何借助大数据技术实现权力运行的全面高效监督是提升治理能力的重要课题。当前，我国政府行政管理部门将简政放权作为全面深化改革的"先手棋"和转变政府职能的"当头炮"，虽然也做

了诸如制度设计，部门设置等层面的改革，但就总体而言仍属于传统行政范畴的改革，政府行政管理仍存在着深层次的危机。

政府部门是制定公共政策，占有公共资源，行使公共权力的主体。政府部门在执行法律、法规和政策过程中存在着大量的自由裁量权，这为权力寻租埋下了隐患。当前，政府部门在履职、决策过程中，民主决策、科学决策还不够，公众的知情权、参与权、表达权和监督权等无法完全实现，政府失灵的现象时有发生。进而使政府与公众之间信任度不高，存在发生社会冲突或者公共安全事件的隐患。因此，政府应加强制度建设。国家层面关于信息公开的相关政策条例颁布得并不少。2007 年我国颁布了《中华人民共和国政府信息公开条例》，随后也有一系列相关的政策纷纷出台。2011 年中共中央办公厅和国务院办公厅印发了《关于深化政务公开、加强政务服务的意见》，2016 年中共中央办公厅、国务院办公厅又印发了《关于全面推进政务公开工作的意见》，部署全面推进各级行政机关政务公开工作，并明确提出，按照《促进大数据发展行动纲要》的要求，实施政府数据资源清单管理，加快建设国家政府数据统一开放平台，制定开放目录和数据采集标准，稳步推进政府数据共享开放。党的十八届四中全会更是对政务公开提出了坚持以公开为常态、不公开为例外的明确要求。

然而，我们不得不承认，即使有国家层面相关政策的出台，但政府部门在执行政务公开的过程中，速度慢、效果差，政府部门已经公开的政务信息公开透明度与社会预期还存在着很大的差距和偏差。实际上，由于政府部门决策过程和执法过程的非透明性，使社会和公众对政府产生了信任危机，这种信任危机弥漫在整个社会的各个方面，不仅存在于不同的人群、阶层和行业之间，也同样存在于政府与公众之间，作为国家权力代表的官员不被信任，作为国家权力规则的法律不被信任，作为国家行为具体化的政策也不被信任。① 尽管导致信任危机的因素很多，除了制度层面的因素外，更为重要的因素之一就是技术层面的制约。不同于私人部门，政

---

① 郑永年. 中国改革三步走 [M]. 北京：东方出版社，2012.

府部门的目标是效率与公平,不以营利为目的,边界难以划定,过程难以监督,绩效难以评估。由于政府部门处理的事务杂、范围广、流程长、难度大,加之监督成本较高、监督手段滞后,政府这只看得见的手时常会出现缺位、越位以及错位的现象。尤其是政府部门对数据资源的垄断、非公开化操作以及碎片化处理,极大地制约着政府部门的协同管理水平、社会服务效率和应急响应能力等,服务质量远不能满足公众的现实需求。随着国务院办公厅《关于全面推进政务公开工作的意见》的出台,强化社会信息的公开透明已成为打造诚信政府的前提条件和重要基础。这些都为贵阳市打造"数据铁笼"实现权力监督提供了有效的政策引导和可行的制度安排。

随着工作生活节奏的加快,城市车流、物流以及人流量急剧增加,贵阳的城市交通面临着越来越大的压力。交通管理直接关系到老百姓的日常出行,是重要的民生内容之一。常规的做法是交管部门可以从政策、法律和协调控制等方面来加强和改进城市交通管理的水平,然而,由于传统的管理方式靠人管理、靠人监督、靠人执行,仅停留在事后控制,实时性差,寻租空间大,边际效率逐步递减。为了突破技术层面的约束,贵阳市公安交通管理局实施"数据铁笼"行动计划,从技术层面进行有益尝试和有效突破。"数据铁笼"计划通过音视频系统、接待评价系统和信访执法监督系统、GPS和指纹识别考勤系统、执法终端系统等技术加以集成创新,全过程记录民警的履职、遵守规章制度等情况以及个人工作效能等方面的信息,实现了个人行为数据化、个人数据信息化以及个人信息决策化的立体联动。通过实施"数据铁笼"计划,贵阳市公安交通管理局实现了业务过程流程化、权力清单透明化、考核过程实时化,真正实现了权力使用主体的透明化、权力运行过程的透明化、权力运行边界的透明化,将民警在权力行使过程中变成真正的透明人,及时消除了权力运行的灰色地带,实现了将权力关进制度铁笼的目标。由此,既保证了民警的合法权利,又保护了群众的合法权益。概括而言,"数据铁笼"的基础和框架是民警的个人执法诚信档案,主要包括了数据记录、风险预警、效益分析和诚信评价四个模块。具体而言,贵阳市公安交通管理局的"数据铁笼"计划在以下几个方面体现了透明性政府的基本特征：

1. 权力内容清单化

权力，通俗地说就是一种影响力、控制力、支配力。它是一把双刃剑，用好了利国利民，用不好祸国祸民。法国著名思想家孟德斯鸠说过，"有权力的人民使用权力一直到遇有界限的地方才休止"。因此，界定清楚权力运行的边界和范围是防止权力越位的关键一步。实施"数据铁笼"计划，首先要厘清贵阳市公安交通管理局的业务边界，确定是否存在着缺位、错位以及越位等情况，这是对权力运行监督最基本的约束。无论是针对内勤人员还是外勤人员，贵阳市公安交通管理局在对其所有机构及全体人员的工作岗位与主要职责进行全面的梳理之后，都制定了不同业务部门的权力清单，明确了贵阳市公安交通管理局权力运行的边界，基本形成了一个交通运输行政权力清单数据库，为实施"数据铁笼"计划夯实了基础，更为进一步推进规范交通运输行政权力网上公开透明运行和项目建设与建立健全各项规范标准提供了切实可行的路径，严格实施行政审批目录清单制，使做到清单之外无审批，权利行驶不越位、不缺位，各司其职、各负其责的目标成为可能。

2. 权力运行流程化

流程具有逻辑结构清晰、管理对象明确、责任追溯可靠等优点。每个从头到尾的流程都具有机构不重叠、业务不重复、流程周期短、运行成本最低等。通过将权力运行流程化可以实现权力运行结构配置科学化、权力运行监督规范化、廉政风险防控预警化等。2013 年 11 月，中共十八届三中全会通过的《中共中央关于全面深化改革若干重大问题的决定》，在理论层面上正式提出了"把权力关进制度笼子，构建决策科学、执行坚决、监督有力的权力运行体系，健全惩治和预防腐败体系"权力制约目标。其中，"把权力关进制度笼子"是构建结构性权力制约模式的目标，"构建决策科学、执行坚决、监督有力的权力运行体系"是构建功能性权力制约模式的目标。① 2014 年 9 月 5 日，中共中央总书记习近平在庆祝全国人民代

---

① 唐亚林. 权力分工制度与权力清单制度：当代中国特色权力运行机制的构建 [J]. 理论探讨，2015（3）：5-10.

表大会成立 60 周年大会上发表讲话，提出了"人民代表大会制度是坚持党的领导、人民当家做主、依法治国有机统一的根本制度安排"这一新论断①，其背后暗含着将"三者的有机统一"回到"权力的来源、权力的行使、权力的制约"② 这一对权力进行制约的基本运行轨道上来的逻辑思考。由于行政权力具有权威性、支配性、强制性、扩张性和排他性的特点，因此，必须要运用强有力的规则、清晰的流程以及与法律层面的制约，防止权力的行使者滥用权力。贵阳市公安交通管理局作为权力相对集中的部门，管理着车辆驾驶管理、交通违法处理、摇号上牌等诸多热点民生业务。例如，关于摇号上牌这项业务，通过实施"数据铁笼"计划后，借助数据融合分析，可以将已核发的号牌数据与指标核发系统内数据进行实时关联比对，将凡是不能匹配的数据作为异常数据加以推送反馈，这样就使任何业务流程都经过客观上的数据分析环节，避免了主观上的人员监督，限制了权力的寻租空间，从而将权力违规运行的风险降至最低，优化了权力运行的流程，降低了无意差错的发生和徇私舞弊的可能。权力运行通常包括决策、执行、监督三个基本环节，决策是核心，执行是关键，监督是保障。通过实施"数据铁笼"计划，按照决策、执行、监督三个即相互制约又相互协调的原则区分和配置权力，有利于扎紧制度笼子，铲除滋生腐败的土壤。

3. 权力监督痕迹化

行政权力阳光运行机制主要是在依法对行政权力进行清理规范的基础上，运用现代信息技术，将行政权力运行过程固化为计算机程序，实行全过程实时监督监察，真正做到"阳光行政"，以提高行政效率，接受群众监督。权力阳光运行的实质是通过深化政务公开，制约公权行驶的程序和边界，减少人为因素的影响，使政府行政权力运行内容公开、程序公开、

---

① 习近平. 在庆祝全国人民代表大会成立 60 周年大会上的讲话 [N]. 人民日报, 2014-09-06 (002).

② 唐亚林. 马克思主义权力观：共产党执政体系的制度基础 [J]. 探索与争鸣 2010, 1 (10)：43-48.

结果公开，从源头上加强监控①。以往限于技术的约束，权力运行的传统监督具有以下特点：①监督主体主观化——主要是依靠人来监督人；②监督技术滞后化——往往是采用目测和主观判断，用笔来记录；③监督结果事后化——只是对权力运行了相当长的一段时间再来对监督的结果进行考核，这种事后监督往往为权力寻租预留了足够的时间。借助"数据铁笼"计划，通过将权力运行过程中的行为数据化，留下了权力运行的痕迹，实现了权力运行的事前预警、事中监督。因而，实施"数据铁笼"计划是现代信息技术在权力监督方面的有效应用，是信息技术与监察手段的结合，与传统的监察手段相比，其更加迅速、实时和精准。构建"数据铁笼"平台，是构建惩治和预防腐败体系的重要举措和途径，是创新行政管理方式、提高政府部门的行政效能和公共服务水平的客观需要。②贵阳市公安交通管理局的"数据铁笼"计划借助上述的权力清单和运行流程，将日常考勤、执法过程、风险预警以及时间银行等数据实时传送到系统中形成了数据库，以权力运行监察为抓手，实现对权力运行的实时全程监控，做到了"踏石有印，抓铁有痕"。

4. 权力风险预警化

实现权力运行风险预警防控是一项复杂的系统工程，是一项管理机制的创新。按照管理理论的演化趋势，可以将管理划分为三个层级：第一个层级是常态化管理，这个阶段的管理对象是重复、单调、可预测的日常管理活动；第二个层级是应急管理，该阶段的管理活动预见性差、破坏性强，管理重心偏重于被动的事后处理；第三个层级是风险管理，该阶段的管理对象是预见性较强，但往往是主动的事前管理。从这个意义上讲，构建科学的权力运行风险预警机制是政府治理能力的高级阶段。目前，政府部门的管理大多停留在常态化管理阶段，主要是实现日常管理的基本职能，即日常管理中的重复、单调、可预测的作业活动。但由于政府部门的作业活动涉及公众利益，涵盖范围广，涉及内容多，尽管是重复的日常管理活动，一旦出现权力寻租，较其他部门或组织而言，突发性强、损失性

---

①② 汪春劼，刘焕明. 权力运行监控机制建设中的若干思考——以江苏省为例［J］. 贵州社会科学，2012（12）：133-136.

大，会带来直接且恶劣的影响，从而导致严重的损失。贵阳市公安交通管理局实施的"数据铁笼"平台，通过将权力运行的业务内容划分为"人、事、权"三大部分，同时借助权力运行数据的实时记录，将源数据与制度、标准进行自动比对，一旦发现异常及时推送预警信息。具体而言，这些风险预警信息包括风险提醒（执行风险、纪律风险、预警风险、任务风险）；预警推送（自己的手机、上级的手机、监督部门的手机），实现权力运行的上下级之间（纵向层面），执行与监督部门之间（横向层面）的风险预警信息共享，减少了权力寻租的空间和时间，从而有效提升了贵阳市公安交通管理局的权力监督管理的质量和效率。

总之，贵阳市公安交通管理局借助"数据铁笼"的方式管住人、管住事、管住权，实现了"人在干、云在算、天在看"的技术联动系统，建立了"用数据说话、用数据决策、用数据管理和用数据创新"的全新权力运作机制。通过对权力运行过程中产生的数据进行融合分析，找出异常数据，及时发现和管控可能存在的风险，借助"数据铁笼"成功实现了把权力关进制度笼子的目标。"数据铁笼"是行政管理上下级监督、行政监察、审计监督之外对行政权力监督的"第四只眼睛"，是继党的监督、国家监督以及社会监督之外的第四种监督，其独特之处是通过大数据融合分析提高对行政权力运行监督的实时性和有效性，变人为监督为技术监督、变事后监督为过程监督、变个体监督为整体监督。这种全新的监督方式更加客观、公正、精准、及时，实现了内部监督与外部监督的有机结合，进一步完善了行政监督体系。

二、建设扁平化权力监督的新模式：组织维度

随着信息技术的迅猛发展，尤其是移动互联网、物联网、云计算等技术相继进入日常的管理实践中，全球数据信息量呈指数式爆炸增长，大数据所积蓄的价值已经掀起一场管理变革。面对大数据带来的机会和挑战，政府机构在控制和处理数据的方法上必然要进行全方位的改变，打破过去

的条块限制、业务限制，实现各部门之间、行业之间的相互协作已是大势所趋。① "数据铁笼"对促进政府信息的透明化、公开化有很大帮助。尤其是借助云计算、移动终端以及大数据技术，扩大了数据存储容量，实现了接近全样本的信息收集，降低了信息传递和处理的成本，减少了传统组织结构带来的信息冗余。同时，有效地减少了管理层级，扩大了管理幅度，打破了时间和空间对权力监督的限制，呈现出高度的组织结构扁平化和组织行为虚拟化特征。这两个特征是现代信息技术对组织结构及运行模式的两个最大影响。

1. 组织结构扁平化

大数据时代的到来，彻底打破了传统官僚制理想化的制度假设，并重组政府治理系统。一是信息社会中事务具有复杂性、多样性、网状性的特征，传统的组织分工不能涵盖所有领域，过于精细的分工也不利于治理的针对性和有效性，从而导致治理效率低；二是信息社会的开放性要求打破官僚制的封闭状态，实现信息共享；三是社会事务的复杂性要求各部门之间的有机合作，客观上要求政府组织的管理结构也要趋于扁平化管理。在传统政府结构中，由于大部分信息集中在决策层，信息传递慢，沟通成本高，容易出现信息冗余、信息误传的现象，严重阻碍了政府部门信息的有效传递。② 所谓组织结构扁平化就是在组织结构中一个上级可以管理更多的下级，管理幅度不断增大，管理层级明显减少，促使组织结构由传统科层制向网状化结构演化，从而实现信息在不同层级之间的正常传递和共享。贵阳市公安交通管理局是政府部门中管理协调城市交通运行的重要组织机构，其通过引入"数据铁笼"计划，实现了数据采集自动化、信息传递自动化、风险预警自动化，从而大幅度降低了传统组织结构中的交易成本，完全顺应了组织未来发展的特征。一方面，借助"数据铁笼"的数据记录以及信息沟通的实时性，交通管理局的一个上级可以同时监督和协调超过以往3倍多的下级，可以增加已有的管理幅度，从而达到减少管理层级的目的，同时减少了数据传递的路径，避免了信息冗余，提高了交通管理方

面的信息精度。另一方面，利用上班打卡制度和 GPS 定位系统打破了时间和空间对权力监督的限制，精准地监督工作时间权力运行的时空属性，减少了权力寻租的空间。

2. 组织行为虚拟化

由于交通管理的权力运行范围广，地域分散，信息不对称严重。监督组织的虚拟化特点主要体现在：大量交通管理的作业活动发生在室外，具有危险性、复杂性和系统性等特点，突发性高，容易出现危机事件。在此背景下，不可能按照常规的权力运行监督模式对其进行监督。传统的监督模式具有事后监督、主观监督、高成本监督等特点。这种以层级制的权力体系、依章办事的运作机制以及非人格化的组织管理为特征的管理方式过度追求理性和效率，从而引发了日益严重的官僚弊病，在信息时代越来越显得不足。显而易见，传统的权力运行监督模式越来越无法适应信息共享、实时响应、瞬时互动的大数据时代。① 尤其是当危机事件出现时，往往需要的是实时化、权威性的果断决策。而这种决策通常以扁平化的组织结构、交互式的沟通手段，以及对称性的信息沟通为条件。

从组织发展的角度来看，组织结构的扁平化与虚拟化是未来组织的演化趋势。"数据铁笼"模式则为这种演化趋势提供了硬件支撑。由于"数据铁笼"所构建的平台具有资源整合、全面联动、扁平派警、全程监控、信息联动、横向协作等诸多优点，尤其是对贵阳市公安交通管理局现有的指挥系统、监督系统、地理定位系统等资源的综合运用，构建了集内部监督、业务集成、多级联动、协调指挥等一体化的综合服务平台，不仅可以有效地监督权力的运行，还可以应对权力运行过程中的突发事件。从这个意义上来讲，大数据技术本身发挥的更是综合平台的作用，借助该平台可以实现资源共享、信息共享、协调决策，从而可以大幅度降低组织内部结构的复杂程度，以及组织结构内部的交易成本。因此，从组织维度而言，"数据铁笼"是权力运行监督模式的组织创新。

---

① 俞晓波.大数据时代政府信息系统协同运行研究——基于组织结构的视角［J］.电子政务，2015（9）：88-93.

三、建设服务型权力监督的新模式：目标维度

为人民服务的本质特征就是要建设服务型政府。为社会、为公众服务是政府存在、运行和发展的基本宗旨。我国政府是在社会本位和公民本位理念指导下，在整个社会民主秩序的框架下，通过法定程序，以公正执法为标志，按着公民意志组建起来的以为人民服务为宗旨并承担责任的政府。从这个意义上讲，"数据铁笼"对权力运行本身的自我监督，以及对权力运行的流程、权力运行的内容和权力运行的边界等的精细化管理都只是表象。"数据铁笼"所揭示的本质，即利用综合运用云计算、大数据、移动终端等信息技术，从根本上降低了公众交通出行的交易成本，减少了响应时间，极大地提高了服务效率和服务质量，在交通管理和交通出行方面有效提升了为人民服务的质量。"数据铁笼"不仅能够实现对权力的有效监督，同时由于技术的外溢特征，以及实现了数据资源、信息资源的共享，提高了交通管理行业的服务质量。例如，交通秩序治理效果得到明显提升，交通执法处理的公平性得以加强；摇号环节的公平、公开、公正性也逐步加强；使关于交通管理层面的系列业务管理及响应时间明显缩短，服务态度明显好转，服务质量显著提高等。概括而言，在"数据铁笼"的引导下，贵阳市公安交通管理局正在由一个管理型组织向服务型组织转变。

目前贵阳市公安交通管理局已有20多个独立的业务系统，通过融合平台将这些系统的相关业务数据进行整合、梳理，将数据与每个人员进行关联，根据不同人员类型进行数据建模，从而形成每个人员的执法诚信档案，全方位展示其在工作中的风险和效益，并对其纪律信用、能力水平、辛苦指数等数据进行科学评估。"数据铁笼"以云服务为基础，连通市、县（市、区）与部门，提供针对部门间的政务服务，形成市、县（市、区）、部门之间的云政务，有效解决了各领域民生服务存在的突出矛盾，破解了提供服务质量的制约因素，不断完善了体制机制和政策制度创新，推动了跨层级、跨部门信息共享和业务协同，促进了以交通管理为公共服

务内容的协同合作、资源共享、制度对接。同时，"数据铁笼"逐步整合现有信息资源和信息平台，通过大数据公共平台，按照"凡事关群众办事的程序和要求，凡依法应予公开的政务信息，都要向公众公开"的要求，主动向市民、企事业单位和其他组织提供更方便的信息化公共服务，全方位提供政务数据、公共服务等查询、下载、运用服务，使之成为联系群众的渠道、为民服务的平台和政府信息发布的窗口，确保权力在阳光下透明运行，让整个行政行为和服务事项公开透明，进一步破解社会公众监督难题，畅通党政机关民意沟通渠道，实现网上议政，方便和接受社会公众查询和监督。实践证明，实施"数据铁笼"工程以来，极大地提升了组织的凝聚力、政府的公信力、民警的执行力以及制度的约束力，也使政府对公众的服务更具精准性和直接性。"数据铁笼"带来的成效是实实在在的，也是多方面的。目前，"数据铁笼"已经成为贵阳各级党委政府了解民情、倾听民意、汇聚民智的重要渠道，为完善政府工作提供了有益参考，对社会的治理更加规范和高效。

四、建设效率型权力监督的新模式：成本维度

成本问题是任何组织在运行和管理的过程中必须予以重视的内容。成本往往影响着组织运行的效率和绩效。传统的政府治理模式往往面临着高成本、低效率的现实难题。大数据应用作为新时期的技术革命，在优化组织结构、有效传递信息、规避权力寻租等方面具有明显的促进作用，对贵阳市政府的治理理念、治理方式、政府职能、组织结构、成本控制等起到了很好的带动作用。[1]"数据铁笼"作为继党的监督、国家监督以及社会监督之外的第四种监督，是实现组织内部自我监督的一项技术创新。从长远来看，"数据铁笼"的构建"以数取证为经，以数治政为纬，以数问政为魂"，通过将执法行为数据化、权力运行流程化、权力监督实时化，可以明显减少组织运行成本。也就是说，"数据铁笼"模式不仅具有技术上的

---

① 宁国良，黄侣蕾，廖靖军. 交易成本的视角：大数据时代政府治理成本的控制 [J]. 湘潭大学学报（哲学社会科学版），2015，39（5）：18-21.

先进性，而且还可以降低组织的运行成本，即不仅在技术上可行，而且还要在经济上可行，为其的推广和复制提供了理论支撑。另外，在"数据铁笼"的引导下，由于总成本的减少，贵阳市公安交通管理局正在由一个传统的低效型组织向高效型组织演化。

1. 显性成本

从不同的角度，可以对贵阳市公安交通管理局的运行成本做不同的类型划分，通常，可将其规模成本与运行成本看作是最基本的显性成本类型。首先，从政府的规模成本来看，政府规模成本有广义和狭义之分，多年来，学界多从广义的政府规模成本的角度进行论述。一般认为，所谓政府规模，是指在一定条件下，由相应的政府职能（权力）、政府机构（人员）、政府行为成本共同决定的政府活动范围。① 依据政府规模的构成，政府规模成本在内涵上应该包括政府实现其职能（权力）、维持一定的机构（人员）以及其正常运行所耗费的经济成本。一些经典性的西方理论诸如瓦格纳的"政府活动扩张法则"、皮考克和怀斯曼的"财政支出增长的理论"、马斯格雷夫和罗斯托的经济发展阶段理论、鲍莫尔的"财政支出非均衡增长模型"，均是以广义的政府规模增长为题的。国内学界的许多相关论述，也都是围绕着这个命题进行的。② 政府有膨胀成本的偏好，政府治理成本不降反升，政府机构总是陷入"庞大—精简—庞大"的怪圈。将大数据应用于政府治理中，从降低政府交易成本着手，加强政府治理成本的控制，可以提高政府治理效率。利用大数据技术可以大大降低政府治理成本，麦肯锡报告中指出"大数据技术可以为欧盟 23 个最大的政府公共部门管理活动的成本提供 15%～20%的下降空间"③。政府应用大数据进行治理，这对政府治理成本控制是非常有利的，尤其在降低政府规模成本上的体现更为突出。其次，从政府的运行成本来看，目前学术界对于运行成本比较通行的看法是把它基本等同于规模成本（行政管理费用），具体又

---

① 吕达，曹琨. 制约政府规模的几个主要因素 [J]. 国家行政学院学报，2003（4）：25-28.

② 卓越. 政府成本的内涵设定与构成要素 [J]. 厦门大学学报（哲学社会科学版），2009（5）：14-21.

③ 麦肯锡全球研究所. 大数据：下一个创新、竞争和生产率的前沿 [EB/OL]. http：//www. gisti-thinkbank. ac. cn/admin/upload/20130924-20121123. pdf，2012-11-23.

有以下两种观点：一是三要素说，即政府的运行成本包括人力成本公务成本和设施成本三个要素；二是两要素说，即政府的运行成本分为人工成本和公务成本两个部分①。贵阳市公安交通管理局在实施"数据铁笼"计划之前管理层级过多，组织结构过大，信息冗余过杂，权力运行指令的上传下达程序烦琐且经过多层次的加工，必然产生巨大的内部运行成本。该局实施的"数据铁笼"旨在建立"智能化"的组织机构，将大数据、云计算、移动终端等信息技术贯穿于权力运行监督的各个环节。同时，组织层级也会随着"数据铁笼"的推进逐步向扁平化发展，既能加快数据信息传递速度，又保证了信息的真实性。另外，随着"数据铁笼"计划的推进，组织结构设置也随之革新，数据信息处理部门的地位会逐步凸显，并且会设立专门的部门负责。最终的目标是借助"数据铁笼"，实现贵阳市公安交通管理局决策层与执行层、民警与公众、政府与社会之间的有效合作、精准对接，从而降低整个权力运行监督的运行成本②。

2. 隐形成本

在这里，我们将政府部门的决策成本划分为政府的隐性成本。政府决策成本不仅是决策本身的成本，还包括其他相关要素。有关这方面的研究始于 20 世纪 50 年代的"公共选择"理论，美国政治经济学家詹姆斯·布坎南和戈登·塔洛克在他们合著的《同意的计算——立宪民主的逻辑基础》一书中指出，一项公共政策的制定，不仅涉及决策本身的成本，而且涉及"外部成本"，也就是决策者本人可能对不参与决策的局外人强加的成本③。若再进一步细分，包括政府决策的机会成本、政府决策的边际成

---

① 卓越. 政府成本的内涵设定与构成要素 [J]. 厦门大学学报（哲学社会科学版），2009（5）：14-21.

② 宁国良，黄侣蕾，廖靖军. 交易成本的视角：大数据时代政府治理成本的控制 [J]. 湘潭大学学报（哲学社会科学版），2015，39（5）：18-21.

③ 詹姆斯·布坎南，戈登·塔洛克. 同意的计算——立宪民主的逻辑基础 [M]. 北京：中国社会科学出版社，2000：104.

本以及政府决策的沉落成本①②。

3. 风险成本

由风险引发的政府损失就是政府风险成本，风险成本是决策成本的重要构成。美国经济学家 F. H. 奈特认为，风险是"可测定的不确定性"，是指可以测定的事物发生损失的可能性。企业管理存在风险，同样，政府决策也存在风险，公共政策不仅针对已经发生的问题，而且涉及对未来的考量。一些决策必须在不确定的状态下做出，因而决策必然与风险相联系。一些前瞻性的决策，尤其涉及发展问题时更是难以避免风险。政府在日常工作中经常遇到各种突发事件，需要进行危机决策，也要冒一定的风险。从决策者本身来说，政府决策主体也是由具有有限理性的个人组成，所掌握的信息是不充分的，也会产生风险③。贵阳市公安交通管理局在实施"数据铁笼"过程中，借助大数据技术能够实时监督权力的运行过程，实时评估权力的运行绩效，实现事前预警、事中监督、事后评价的有机结合，发现可能存在的偏差并及时纠正，为后期的决策提供依据，避免可能发生的潜在风险。

五、建设学习型权力监督的新模式：动力维度

组织的运行管理，主要包括两类：一类是等级权力控制型，另一类是非等级权力控制型。由等级权力控制型向非等级权力控制型演化是未来组织发展的趋势。学习型组织借助有效的机制体制创新，动态地适应环境，持续地自我完善和有效进化，是组织建设和发展的高级阶段。党的十八大明确提出要把建设服务型、学习型、创新型"三型政府"写入党章。其中，打造学习型政府以适应信息社会的发展趋势被提到政府组织建设的重要日程上来。客观上，由于社会形态的不同，个体接受知识所需的时间都

---

①③ 卓越. 政府成本的内涵设定与构成要素 [J]. 厦门大学学报（哲学社会科学版），2009 (5)：14-21.

② 宁国良，黄侣蕾，廖靖军. 交易成本的视角：大数据时代政府治理成本的控制 [J]. 湘潭大学学报（哲学社会科学版），2015，39（5）：18-21.

不尽相同。农耕时代，个体只需 10 年左右的传统教育；工业时代，正规教育则延长至 12 年甚至更长；知识经济时代，信息呈现爆炸式增长，个体或组织适应环境的策略只能是终身学习。统计数据表明，最近 30 年产生的知识总量等于过去两千年产生的知识总量的总和。到 2050 年，目前的知识量只占届时知识总量的 1%。因此，在知识经济时代，组织的发展必须贯彻终身学习的理念，必须以建设学习型组织为责任，尤其是知识经济时代的政府组织必须建成学习型政府才能适应信息社会的发展需要。当前，将政府治理与大数据应用相结合是我国政府组织治理体系和治理能力现代化改革的新趋势。2014 年 3 月，李克强总理首次在《政府工作报告》中提出要大力发展"大数据"。2014 年 7 月，李克强总理在考察山东浪潮集团时讲到"不管是简政放权，放管结合，还是推进新型工业化、城镇化、农业现代化，都要依靠大数据、云计算"①。在 2015 年的《政府工作报告》中，李克强总理强调，要"推动移动互联网、云计算、大数据、物联网等与现代制造业结合"。2015 年国务院颁发的《促进大数据发展行动纲要》强调，建立"用数据说话、用数据决策、用数据管理、用数据创新"的管理机制，实现基于数据的科学决策②。与此同时，我国在公共安全领域、公共交通领域及环境保护领域等都已经有大数据实践的尝试，并取得了一定的成效。但大数据对于政府治理的价值开发，还仅仅是冰山一角，它对推进政府的组织机构、治理方式等各方面的革新有着极为重要的意义③。

　　国内外发达地区的成功经验表明，21 世纪组织之间的竞争，归根结底是组织之间学习能力的竞争。本质上，学习型组织是能够有力地进行集体学习，不断改善自身学习、管理与运用知识的能力，以获得成功的一种组织。贵阳市公安交通管理局在实施"数据铁笼"之前，组织建设主要按照

---

　　① 冯悦. 国务院总理李克强到山东浪潮集团有限公司考察［EB/OL］.［2014-07-27］. http：//china. cnr. cn/news/201407/t20140727_ 516045538. shtml.

　　② 李克强. 2015 年国务院政府工作报告［EB/OL］.［2015-03-05］. http：//lianghui. people. com. cn/2015npc/n/2015/0305/c39429826642056.

　　③ 宁国良，黄侣蕾，廖靖军. 交易成本的视角：大数据时代政府治理成本的控制［J］. 湘潭大学学报（哲学社会科学版），2015，39（5）：18-21.

职能框架展开，内部权力运行主要表现为遵循已有的权力运行体系，机械地执行既有的规章制度，而以大数据、云计算、移动终端为代表的信息技术在很大程度上推动着贵阳市公安交通管理局内部必须顺应这种新形式，学习和了解这些新技术，推动传统的官僚科层体制向学习型组织转变。实际上，"数据铁笼"的实施不同于传统的 IT 系统建设，"数据铁笼"平台利用大数据融合分析技术，为各业务应用提供跨系统的数据共享服务，实现各业务应用系统在数据层面上的整合和集成，各业务系统间的数据推送及流转，驱动跨系统间的应用和联动，实现数据在"权力铁笼"方面的价值挖掘和应用。此外，"数据铁笼"计划的实施还需要不断提升整合数据的能力、挖掘数据价值的能力、快速实时行动的能力，而这些都需要在长期的实践中不断学习、不断完善、不断提高。实践证明，在实施"数据铁笼"工程的过程中，贵阳市公安交通管理局高度重视对信息技术、管理知识、组织理论等方面的学习和吸纳，不断提出了与"数据铁笼"相适应的新概念，如时间银行、第四种监督等，制定了诸如电子笔记、预警推送、风险预警等规章制度。从这个意义上讲，"数据铁笼"对贵阳市公安交通管理局的推动作用不仅是在内部监督方面树立了标杆，而且对组织建设的推进和演化起到了很好的催化作用。尤其是通过"数据铁笼"构建的开放式学习系统和多维度反馈系统，有助于不同部门之间，不同个体之间的学习共享和互助的氛围，具有实现共同愿望的不断增长的学习能力，进而使工作学习化和学习工作化得以实现。更重要的是，学习型组织的培育和形成，是个体学习与工作的有机融合，是提高自身素质、实现自我价值的内在要求，对个人的正面激励作用不容忽视。对于任何组织而言，组织发展的最大问题在于对人的激励是否有效，即要解决激励机制问题。当前，政府部门多数情况下表现为一种压力型体制下的任务型工作方式，也就是说领导安排了事情就去做，如果领导没安排具体的事物个体就没有相应的动力去做。这属于典型的任务驱动型，而非自主激励型。自主激励型则是为了组织的绩效在没有领导安排的情况下积极工作的良好状态。结合贵阳市交管局的"数据铁笼"计划中的绩效考核、诚信评价、时间银行等是一种正面激励方式，也就是说通过"数据铁笼"的实施形成了一种正向激励，有利于学习型组织的形成。当然，"数据铁笼"带来的观念上的转变，使人们从了解、学习、应用"数据铁笼"，到最后把"数据铁笼"作为降低组织运行成本，提升组织绩效的一个重要举措，从而改变了个体的思维习惯和行动，助推了学习型组织的出现。概括而言，通过实施"数据铁笼"计划，有效地推动了贵阳市公安交通管理局的组织结构由任务型组织向激励型组织、学习型组织演化。由此表明，"数据铁笼"不断引导权力运行监督逐步由外部的技术监督向内在的自我约束演化。

第三节　本章小结

概括而言，通过实施"数据铁笼"工程，贵阳市公安交通管理局在以下方面取得了重大突破：

（1）推动职能管理由制度化管理向"制度—技术"双轮驱动管理演化。借助大数据技术，通过实施"数据铁笼"工程，依据执法过程中产生的大量数据分析检验制度执行中存在的问题，从而修正和完善现行的规章制度，并借助制度与"数据铁笼"的双轮驱动，推进制度建设向科学、公正、合理的方向发展。

（2）推动权力监督主体与客体之间的信息不对称向信息充分对称的方向转化。执行不到位或者腐败行为的发展，很重要的一个原因就是监督主体与客体之间的信息不对称。通过实施"数据铁笼"工程，将执法行为数据化，实现了全领域，全天候，全流程的痕迹管理，可以对执行者是否依规、依矩、依法履职的行为进行有效监督；主动发现执行者是否超出制度范围徇私枉法的渎职行为；对执行者是否有制度不执行的失职行为进行风险预警。

结论与讨论

　　2015 年以来，贵阳市公安交通管理局依托大数据技术，加快网上政务建设，把能够纳入网络的行政权力全部纳入网络运行，通过制定统一的权力清单、权力运行流程、权力履职要求，并将其标准化，进而优化、细化、固化权力运行流程和办理环节，合理、合法地分配各项职责，实现网上办公、网上审批、网上执法。同时，运用现代信息技术设备，全面采集权力运行过程中的图片、影像等数据资源，使权力运行全程电子化、处处留"数据痕迹"，通过技术手段让权力变得清晰、透明和规范，并将其置于有关部门以及社会公众的监督之下，从而使权力监督呈现全领域、全流程、全天候的特征，弥补了基于制度维度进行权力监督的不足。特别是近年来贵阳市公安交通管理局实施的"数据铁笼"计划，充分运用大数据技术编制制约权力的"数据笼子"，使权力监督更加科学、主动和透明，工作效率得到大幅提升，实现了对权力运行的全领域、全流程和全天候监管，真正管住了人、事、权。据不完全统计，截至 2016 年底，"数据铁笼"平台数据量已经累计近 3 亿条，系统自动发现并向当事人及不同层级管理层推送各类异常预警信息 2.1 万余人次，根据推送信息情况交管局下发督察整改通知书 17 次，对 11 个单位的 32 名民警和中层干部进行整改督办和诫勉谈话，有 4 名中层干部主动辞去领导职务，2 名民警主动辞职。2016 年，贵阳市公安交通管理局受理违法违纪案件同比下降 50%。在本书中，我们从平衡计分卡的四个指标维度做了细致的考察后，认为"数据铁笼"对权力的监督是可靠的。这种可靠性的根本原因在于在现有制度的基础上，充分运用了现代技术手段，从而推动职能管理由制度化管理向"制度—技术"双轮驱动监管的演变。那么，为什么"制度—技术"能使权力监督更为可靠？

法国思想家孟德斯鸠曾说"一切有权力的人都容易滥用权力，这是万古不易的一条经验"①，英国思想家阿克顿也认为"权力导致腐败，绝对的权力导致绝对的腐败"②。换言之，如果权力不受制约，权力则会被滥用，进而导致难以预料的恶果。因此驯化权力、把权力关进制度的笼子、让权力在阳光下运行是人类政治文明的重要共识和成果。由于权力具有强制性、利益性、可交换性和扩张性等特点，决定了权力监督和制约的必要性和复杂性。如何实现对权力运行的有效监督是政治学研究的重要命题，也是政治实践的重要课题。党的十八大报告明确提出要建立健全权力运行制约和监督体系；党的十八届六中全会公报进一步指出，监督是权力正确运行的根本保证，是加强和规范党内政治生活的重要举措。习近平总书记强调要加强对权力运行的制约和监督，把权力关进制度的笼子里，形成不敢腐的惩戒机制、不能腐的防范机制、不想腐的保障机制③。因此，对权力制约和监督的体制机制建设，尤其是强化制度的执行以制约和监督权力运行尤为重要。

当前，以数字化、网络化、智能化为特征的信息技术日新月异，为实现国家治理体系和治理能力现代化提供了有力的技术支撑。加快释放信息化发展的巨大潜能，以信息化驱动现代化，建设网络强国，是落实"四个全面"战略布局的重要举措，是实现"两个一百年"奋斗目标和中华民族伟大复兴中国梦的必然选择。④ 2015 年 8 月，国务院颁发的《促进大数据发展行动纲要》明确提出：推动改进政府管理和公共治理方式，借助大数据实现政府负面清单、权力清单和责任清单的透明化管理，完善大技术监督和技术反腐体系，促进政府简政放权、依法行政。大数据时代为政府治理变革提供了一个全新的背景，政府治理向着治理主体多元化、治理内容预防化、治理载体自动化等方向发展，政府应利用大数据的技术优势实现

---

① 孟德斯鸠. 论法的精神（上）[M]. 北京：商务印书馆，1963：154.

② 约翰·阿克顿. 自由与权力 [M]. 南京：译林出版社，2011：342.

③ 徐京跃，周英峰. 习近平在十八届中央纪委二次全会上发表重要讲话 [EB/OL]. [2013-6-22]. http://politics.people.com.cn/n/2013/0122/c1001-20289699.html.

④ 资料来源：《国家信息化发展战略纲要》（2016）。

由传统管理向现代数据治理的转变。学者们甚至提出了运用大数据技术于政府治理和权力运行中的"云治理"① 和"智慧公共决策"② 等概念。众所周知，制度与技术是人类文明的两个重要维度。就权力监督而言，只有当制度与技术形成良性互动，互为补充，权力监督的有效性才会提高。以大数据为特征的信息时代来临为构建权力监督的双轨制约（制度—技术）提供了可能。贵阳市公安交通管理局"数据铁笼"计划的分析，可以为"制度—技术"双轨制提供一个有力的经验佐证。

党的十八届三中全会公报指出，全面深化改革的总目标是完善和发展中国特色社会主义制度，推进国家治理体系和治理能力现代化。治理体系与治理能力不可分割、相互依存，是一个有机整体。国家治理体系是指在党领导下管理国家的制度体系，涉及政治、经济、社会、军事、文化等，每一个具体的制度都有自己特定的价值追求与工具使命，强调制度层面的建设，是提升治理能力的基础。每一个政治共同体的维系和发展都要靠各种制度。国家治理能力则是指运用国家制度管理社会各方面事务的能力，包括改革发展稳定、内政外交国防、治党治国治军等各个方面。治理能力表征了治理体系的功能，治理能力的提升和增强反过来促进治理体系的日趋完备。随着技术进步对人类社会发展的推动作用日益突出，多数学者认为治理能力的现代化离不开治理手段、治理技术的现代化。

制度与技术是人类文明的两个重要维度，技术进步给政府治理带来变革契机和推动力量的同时，政府自身权力结构的调适是否与技术的发展相耦合决定了治理的未来走向。实际上，在权力监督领域，制度与技术之间具有很强的互补性，而不是相互替代或者相互排斥的。对于制度，不同学科对其定义不尽相同。一般而言，广义的制度指的是要求成员共同遵守的、按一定程序办事的规程③。结合本书的语境，制度指的是党政机关、

---

① 李振，鲍宗豪．"云治理"：大数据时代社会治理的新模式 [J]．天津社会科学，2015（3）：62-67．

② 胡税根，单立栋，徐靖芮．基于大数据的智慧公共决策特征研究 [J]．浙江大学学报（人文社会科学版），2015（3）：5-15．

③ 这里借鉴的是《辞海》关于制度的解释，"制度"的第一含义是，"要求成员共同遵守的、按一定程序办事的规程"。

新闻宣传机构、社会团体和企事业单位为使某项工作或活动有秩序地进行，在自己的职权范围内制定的带有法规性和强制性的行为规范或规定。所谓技术，指的是解决问题的方法及方法原理，是指人们利用现有事物形成新事物，或是改变现有事物功能、性能的方法。技术应具备明确的使用范围和被其他人认知的形式和载体。具有数字化、网络化、智能化、虚拟化等特征的信息技术，处于当前技术领域的发展前沿。技术是将制度建设中宏观抽象的内容进行具体化和操作化的重要环节和载体，也是将制度所涵盖的内容实现落地运行的有效途径。技术和制度各有特点，但又相互补充。首先，制度相对宏观，强调从整体、全局等宏观层面理解问题、解决问题；技术相对微观，则侧重于从具体的、工具性层面理解问题、解决问题。其次，制度约束的内容带有一定的普遍性，它是对某种类型行为或现象的约束，因此相对抽象，具体针对性不强；而技术建设的内容比较具体，偏重于应用性。最后，制度建设往往具有滞后性，偏重于事后管理；而技术建设具有同步性，关注过程管理。概言之，从制度层面进行的权力监督更宏观，内容上更抽象，具体针对性不强；从技术层面进行的权力监督偏微观，内容上更具体，针对性更强。因此，将制度和技术作为权力监督的两个维度具有逻辑上的合理性。

权力监督是权力对权力的监督，即以权力制约权力。这种形式的监督可以称为制衡监督，包括行政、立法、司法三权的分立制衡，以及行政权中决策、执行、监督三者的分离制约；权力对权力的监督也可以表现为权力的层级监督，即上级对下级、政府对部门等的组织监督。权力监督不仅是一个制度问题，也是一个技术问题。有效的权力监督需要实现制度与技术的有机结合，进而充分发挥权力监督的效力。如前所述，制度指的是由有关主体在职权范围内做出的带有法规性和强制性的行为规范或规定。从制度维度来看，就是要分析权力监督所涉及的法律、法规、体制和机制等。对于制度而言，衡量其优劣的重要标准是完备和不完备，不完备的制度监督好比"牛栏关猫"，缺少密度；只有完备的制度监督才能构筑笼子的密度，消除"笼子"的漏洞。因此，本书从强（制度完备）和弱（制度不完备）两个维度对制度进行分解。从技术维度来看，就是要分析权力监

督过程中如何借助相关技术，尤其是信息技术消除或减少权力监督者与被
监督者之间的信息不对称，通过将权力运行的全过程实现痕迹化管理，用
数据来刻画履职行为，减少或消除权力监督主体与客体之间的信息不对
称，实现对权力运行的刚性约束。对于技术而言，衡量其优劣的重要标准
是技术的先进程度，落后的技术应用好比"纸笼关虎"，缺乏应有的刚度，
只有先进的技术应用才能筑牢笼子的经度，增强"笼子"的刚度。因此，
课题组从高（技术先进）和低（技术落后）两个维度对技术进行分解。由
上述分析可知，依据制度的强弱和技术的高低将权力监督划分"弱制度—
低技术（A）""弱制度—高技术（B）""强制度—高技术（C）""强制
度—低技术（D）"四种组合，分别对应着下图1中的四个象限。

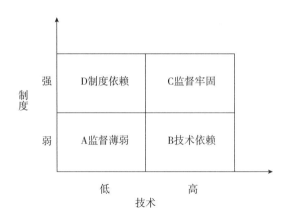

图1 权力监督的"制度—技术"分析框架

由上图1可知，"弱制度—低技术（A）"组合表明在权力监督过程中
制度的顶层设计框架粗略、体系碎片化严重、制度漏洞较多，同时技术应
用水平低，无法对制度执行过程中的权力运行实现全流程、全天候、全方
位的有效监督。由于制度和技术的双重薄弱，极易出现权力运行的缺位、
错位以及越位而导致腐败，权力监督十分困难。因此，不妨将该类型概括
为监督薄弱型。

"弱制度—高技术（B）"组合表明在权力监督过程中制度设计比较
粗略、体系碎片化严重、漏洞较多等，虽然技术应用水平较高，但也只能

是制度执行过程中的关键节点进行有效监督。由于该类型偏重于权力监督过程中的技术应用，主要依靠技术建设驱动，不妨将该类型概括为技术依赖型。一般而言，权力分配、权力运行以及权力监督的主体是具有理性特征的"经济人"，离不开制度的规制与约束。换而言之，制度的缺失必然会导致技术应用的失效，因此，"弱制度—高技术"组合也只是具有理论分析的可行性，现实中很难发现这种组合实例的存在。林尚立教授认为观念和制度在政府治理能力现代化的构成中尤为重要，如果没有符合现代文明的基本原则、价值理念和制度规范，那么技术层面的现代化是没有意义的。① 实际上，由于制度建设是技术应用的必要条件，没有完善的制度建设，高质量的技术应用不可能发生，同时制度建设还是技术应用的目标，没有完备的制度建设，技术应用必然是无的放矢、瞄准性差，也无法实现对权力运行的有效监督。从这个意义上讲，提高权力监督的效果，首先重在制度建设，如果对权力监督缺乏理论认识，实践中的权力监督既缺乏引入技术因素的必要性（无动力），同时也缺乏引入的可行性（无目标）。

"强制度—高技术（C）"组合表明在权力监督过程中制度设计比较全面精细，制度体系碎片化程度低，让腐败分子可钻的漏洞较少，筑牢了笼子的密度，同时应用技术监督的水平较高，可以对制度执行过程进行全过程、全天候、全方位的有效监督，夯实了笼子的经度，实现了"上有政策，下无对策"。由于该类型既偏重于制度建设又偏重于技术建设，形成了制度与技术的良性互动，制度铁笼与技术铁笼相互补充、纵横编织，对权力运行的监督效果好，不妨将该类型概括为监督牢靠型。

"强制度—低技术（D）"组合表明在权力监督过程中制度设计相对成熟和完备，制度体系碎片化程度低，让腐败分子可钻的漏洞较少，但技术应用水平较低，无法将制度有效地贯彻实施，执行效率低，执行效果差。由于该类型偏重于制度建设而忽略了技术建设，主要依靠制度建设驱动，不妨将该类型概括为制度依赖型。

由上述分析可知，按照权力监督的效果来看，上述四种组合为构筑权

---

① 林尚立. 制度与发展：中国制度自信的政治逻辑 [J]. 中共中央党校学报，2016（2）：61-69.

力监督有效性指明了路径，即由"弱制度—低技术（A）"—"弱制度—高技术（B）"—"强制度—低技术（D）"—"强制度—高技术（C）"的路径演化。同时，将上述四种组合按照监督效果优劣划分成四类等级，其中，A 监督薄弱：对应的制度笼子强度为Ⅰ级；D 技术依赖：对应的制度笼子强度为Ⅱ级；B 制度依赖：对应的制度笼子强度为Ⅲ级Ⅱ级；C 监督牢固型：对应的制度笼子强度为Ⅳ级。其中，"强制度—高技术"组合最能有效遏制权力腐败，权力监督最有效，是实现权力监督的最优路径。为什么呢？

著名学者胡鞍钢认为腐败的结构性根源体现为两个不对称性：一是权力不对称性，指的是公共权力和制约、监督公共权力的力量的不对称性；二是信息不对称性，指的是由于腐败隐秘、敏感特性而造成的腐败者和反腐败机构所掌握的信息的不对称性。① 腐败源于"两个不对称"，其实质也是权力监督制约的"两个不对称"。换言之，"两个不对称"涵盖了权力监督的两个重要维度，即制度维度和技术维度。对于权力监督制约的制度维度，古今中外的思想家们提出众多的思想和制度设计，在此不赘述。需要着重指出的是，仅仅有制度约束是不够的，也就是说制度建设无法解决信息不对称的问题，这需要技术的支持。信息不对称原本是指市场交易中买卖双方由于占有信息资源的不同导致道德风险或逆向选择的出现②。信息技术的出现很大程度上减弱了权力监督主体和客体之间的信息不对称，或者说实现了两者之间的信息高度不对称向信息对称的逐步演化。这是因为：

（1）信息技术的运用压缩了非对称信息引致的寻租空间。对信息技术的运用，尤其是大数据技术的运用，一方面大幅度节约了组织内部运行成本，使组织边界有扩大的趋势；另一方面也有效地节约了与组织外部的协调成本，造成其边界变动有缩小的趋势。尤其是政府与市场关系中，当企业所节约的内部生产成本多于市场协调成本时，其边界最终将向扩大的方

① 胡鞍钢. 反腐败必须构建中国特色国家廉政提醒 [N]. 检查日报, 2007-05-29 (010).
② 斯蒂格利茨. 信息经济学：应用 [M]. 纪沫, 陈佳, 刘海燕译. 北京：中国金融出版社, 2009：1.

向发生变动（Dewett and Jones，2001；Afuah，2003）。腾讯、阿里巴巴等信息技术公司的成功经验表明，从广度来看，信息技术的引入会压制公共组织的边界，倒逼其退出部分权力运行空间，如现在的政府购买公共服务、放管服等政策的出台在很大程度上是由于信息技术的进步带来的压力，极大压缩了权力监督主体与客体之间信息不对称造成的寻租空间。

（2）借助信息技术，尤其是大数据技术将权力运行的行为空间完整刻画为数据空间，使权力运行变得公开透明。换言之，信息技术借助信息媒介实现了权力运行"信息"本身从无到有的突破，真实刻画权力运行轨迹，为权力监督的痕迹化管理提供数据支撑，从而为权力监督留下可供考察、评估、问责的一手材料。同时，权力运行的数据化也为上级主管单位和司法机关区分责任界限并向管理者实施问责及追究法律责任提供了有力物证，真正实现了习近平总书记所说的：踏石留印，抓铁有痕。

（3）信息技术优化了权力运行流程。我国政府管理体系分中央、省级、地级、县级以及乡镇五级，每相邻层级之间变表现为一种典型的委托—代理关系。由于目标不一致、信息不对称以及环境不可控等因素，使得不同级别之间的委托者与代理者之间均存在权力寻租的可能。由于层级多，流程长，成本高，层级越低，权力被监督的可能性越小，被查出的概率越低，制度监督只是事后监管和问责。借助信息技术实时动态客观的特点，传统长流程、高成本、低效率的权力监督变成了扁平化、低成本以及高效率的监督，同时借助风险预警变事后监管为事前监管，将一般意义上的危机管理转为风险管理。

（4）信息技术引致的信息传播具有跨地域、全天候、多样性、开放性和瞬时性等特征，信息管制中"围堵不如疏导"的局面逐步形成，客观上迫使公共部门被动加大了信息公开的力度，如让权力晒太阳、推行网上办事、再造服务流程等，使权力监管主体与客体之间的信息鸿沟正逐步缩小，扩大了公众的知情权，监督权以及参与权，从而减少了信息不对称的程度。

因此，信息技术的运用推动了权力监督主体与客体之间的信息不对称向信息充分对称的转化。通过权力运行的数据刻画，完整地再现了权力运行的环节、流程，真实地反映了权力运行情况，真正实现了让权力在数据的阳光下运行，实现了权力的监督制约。贵阳市公安交通管理局"数据铁笼"实践充分说明了信息技术在当前权力监督制约中所发挥的重要作用，也充分证明了"强制度—高技术"组合最能有效遏制权力腐败，是实现权力监督的最优路径。

参考文献

一、著作

[1] E. M. 罗杰斯. 创新的扩散（第五版）[M]. 唐兴通，郑常青，张延臣译. 北京：电子工业出版社，2016.

[2] 阿克顿. 自由与权力 [M]. 侯健，范亚峰译. 北京：商务印书馆，2001.

[3] 阿莱克斯·彭特兰. 智慧社会：大数据与社会物理学 [M]. 汪小帆，汪容译. 杭州：浙江人民出版社，2015.

[4] 伯特兰·罗素. 权力论：新社会分析 [M]. 吴友三译. 北京：商务印书馆，1991.

[5] 布莱恩·阿瑟. 技术的本质：技术是什么，它是如何进化的 [M]. 曹东溟，王健译. 杭州：浙江人民出版社，2016.

[6] 陈国权，毛益民等. 权力法治与廉政治理 [M]. 北京：中国社会科学出版社，2018.

[7] 陈国权. 权力制约监督论 [M]. 杭州：浙江大学出版社，2013.

[8] 达尔. 民主理论的前言 [M]. 顾昕等译. 北京：生活·读书·新知三联书店，1999.

[9] 大数据战略重点实验室. 块数据：大数据时代真正到来的标志 [M]. 北京：中信出版社，2015.

[10] 大数据战略重点实验室. 数据革命 [M]. 北京：当代中国出版社，2016.

［11］邓小平. 邓小平文选［M］. 北京：人民出版社，1994.

［12］董伟，聂清凯. 大数据时代地方政府治理：以北京市朝阳区为例［M］. 北京：人民日报出版社，2016.

［13］格莱德希尔. 权力及其伪装：关于政治的人类学视角［M］. 赵旭东译. 北京：商务印书馆，2011.

［14］公安部交通管理局. 道路交通管理法规汇编［M］. 北京：中国人民公安大学出版社，2014.

［15］汉密尔顿，杰伊，麦迪逊. 联邦党人文集［M］. 程逢如，在汉，舒逊译. 北京：商务印书馆，1980.

［16］杰里米·里夫金. 零边际成本社会：一个物联网、合作共赢的新经济时代［M］. 赛迪研究院专家组译. 北京：中信出版社，2014.

［17］凯文·凯利. 必然［M］. 周峰，董理，金阳译. 北京：电子工业出版社，2016.

［18］凯文·凯利. 失控：全人类的最终命运和结局［M］. 张行舟等译. 北京：电子工业出版社，2016.

［19］兰登·温纳. 自主性技术：作为政治思想主题的失控技术［M］. 杨海燕译. 北京：北京大学出版社，2014.

［20］雷·库兹韦尔. 奇点临近：2045 年，当计算机智能超越人类［M］. 董振华，李庆成译. 北京：机械工业出版社，2016.

［21］林尚立. 当代中国政治：基础与发展［M］. 北京：中国大百科全书出版社，2017.

［22］罗伯特·B. 登哈特，珍妮特·V. 登哈特. 新公共服务：服务，而不是掌舵［M］. 丁煌译. 北京：中国人民大学出版社，2010.

［23］马克思·韦伯. 新教伦理与资本主义精神［M］. 于晓，陈维纲等译. 北京：生活·读书·新知三联书店，1987.

［24］孟德斯鸠. 论法的精神（上）［M］. 张燕深译. 北京：商务印书馆，1961.

［25］孟庆国. 云上贵州：贵州省大数据发展探索与实践［M］. 北京：清华大学出版社，2015.

［26］涂子沛. 大数据：正在到来的数据革命［M］. 桂林：广西师范大学出版社，2015.

［27］涂子沛. 数据之巅：大数据革命，历史、现实与未来［M］. 北京：中信出版社，2014.

［28］托克维尔. 论美国的民主［M］. 董果良译. 北京：商务印书馆，1988.

［29］王强. 互联网+政府：大数据时代政府如何创新？［M］. 厦门：厦门大学出版社，2017.

［30］维克托·迈尔·舍恩伯格. 大数据时代：生活、工作与思维的大变革［M］. 周涛译. 杭州：浙江人民出版社，2013.

［31］徐继华，冯启娜，陈贞汝. 智慧政府：大数据治国时代的来临［M］. 北京：中信出版社，2014.

［32］伊恩·艾瑞斯. 大数据思维与决策［M］. 宫相真译. 北京：人民邮电出版社，2014.

［33］约翰·霍兰. 隐秩序：适应性创造复杂性［M］. 周晓牧，韩晖译. 上海：上海科技教育出版社，2011.

［34］约瑟夫·斯蒂格利茨. 信息经济学：应用［M］. 纪沫，陈佳，刘海燕译. 北京：中国金融出版社，2009.

［35］詹姆斯·M. 布坎南，戈登·塔洛克. 同意的计算［M］. 陈光金译. 北京：中国社会科学出版社，2000.

［36］郑永年. 技术赋权：中国的互联网、国家与社会［M］. 邱道隆译. 北京：东方出版社，2014.

［37］中共中央马克思恩格斯列宁斯大林著作编译局. 马克思恩格斯选集（第三卷）［M］. 北京：人民出版社，1995.

二、论文

［1］陈平. 当前我国权力监督的困境：党政权力"吸纳"监督权［J］. 天津行政学院学报，2016（1）：81-87.

[2] 郭道久. "以社会制约权力"：理念、内涵和定位 [J]. 延安大学学报（社会科学版），2011，33（3）：5-10.

[3] 过勇，杨小葵. 基于大数据的领导干部廉政监督机制研究 [J]. 国家行政学院学报，2016（6）：22-27.

[4] 何显明. 绩效合法性的困境及其超越 [J]. 浙江社会科学，2004（9）：77-82.

[5] 胡税根，单立栋，徐靖芮. 基于大数据的智慧公共决策特征研究 [J]. 浙江大学学报（人文社会科学版），2015，43（3）：5-15.

[6] 景跃进. 中国特色的权力制约之路——关于权力制约的两种研究策略之辨析 [J]. 经济社会体制比较，2017（4）：148.

[7] 李晓广. 论当代中国权力监督体系 [J]. 中国特色社会主义研究，2005（1）：39-42.

[8] 李振，鲍宗豪. "云治理"：大数据时代社会治理的新模式 [J]. 天津社会科学，2015（3）：62-67.

[9] 林尚立. 制度与发展：中国制度自信的政治逻辑 [J]. 中共中央党校学报，2016，20（2），61-69.

[10] 吕达，曹琨. 制约政府规模的几个主要因素 [J]. 国家行政学院学报，2003（4）：25-28.

[11] 马怀德. 完善权力监督制约关键在于决策法治化 [J]. 中国党政干部论坛，2015（3）：19-22.

[12] 孟天广，张小劲. 大数据驱动与政府治理能力提升——理论框架与模式创新 [J]. 北京航空航天大学学报（社会科学版），2018，31（1）：18-25.

[13] 秦前红，王宇欢. 有限授权与有效监督——试论英国特别委员会的监督权及其对我国的借鉴意义 [J]. 湖南社会科学，2016（5）：60-65.

[14] 任建明. 论破解党内权力监督难题的关键制度突破 [J]. 河南社会科学，2017，25（1）：11-17.

[15] 苏玉娟. 比较视域下大数据技术的社会功能探析 [J]. 安徽行政

学院学报，2015，6（5）：104-107.

[16] 唐亚林. 马克思主义权力观：共产党执政体系的制度基础 [J].探索与争鸣，2010（10）：43-48.

[17] 唐亚林. 权力分工制度与权力清单制度：当代中国特色权力运行机制的构建 [J]. 理论探讨，2015（3）：5-10.

[18] 汪春劼，刘焕明. 权力运行监控机制建设中的若干思考——以江苏省为例 [J]. 贵州社会科学，2012（12）：133-136.

[19] 王万华. 大数据时代与行政权力运行机制转型 [J]. 国家行政学院学报，2016（2）：96-98.

[20] 徐元善，楚德江. 绩效问责：行政问责制的新发展 [J]. 中国行政管理，2007（11）：29-31.

[21] 杨嵘均. 论网络空间草根民主与权力监督和政策制定的互逆作用及其治理 [J]. 政治学研究，2015（3）：110-122.

[22] 俞晓波. 大数据时代政府信息系统协同运行研究——基于组织结构的视角 [J]. 电子政务，2015（9）：88-93.

[23] 张贤明，张力伟. 论责任政治 [J]. 政治学研究，2018（2）：89-97.

[24] 张勇进，王璟璇. 主要发达国家大数据政策比较研究 [J]. 中国行政管理，2014（12）：113-117.

[25] 赵旭东. 从社会转型到文化转型：当代中国社会的特征及其转化 [J]. 中山大学学报（社会科学版），2013，53（3）：111-124.

[26] 周庆智. 控制权力：一个功利主义视角——县政"权力清单"辨析 [J]. 哈尔滨工业大学学报（社会科学版），2014（3）：1-11.

[27] 卓越. 政府成本的内涵设定与构成要素 [J]. 厦门大学学报（哲学社会科学版），2009（5）：14-21.

三、报纸文献

胡鞍钢. 反腐败必修构建中国特色国家廉政提醒 [N]. 检查日报，

2007-05-29（010）.

四、外文文献

［1］Angèle Christin. From Daguerreotypes to Algorithms：Machines，Expertise，and Three Forms of Objectivity ［J］. ACM Computers & Society，2016，46（1）：27-32.

［2］Bruce Bimber. Information and American Democracy：Technology in the Evolution of Political Power ［M］. Cambridge：Cambridge University Press，2003.

［3］Dewett T.，Jones G. R. The Role of Information Technology in the Organization：A Review，Model，and Assessment ［J］. Journal of Management，2001，27（3）：313-346.

［4］Kate Galloway. Big Data：A Case Study of Disruption and Government Power ［J］. Alternative Law Journal，2017，42（2）.

［5］Ronnie Egan，Jane Maidment，Marie Connolly. Supporting Quality Supervision：Insights for Organisational Practice ［J］. International Social Work，2018，61（3）.

［6］Sarah Braynea. Big Data Surveillance：The Case of Policing ［J］. American Sociological Review，2017，82（5）.

附　录

附表 1　交通秩序管理处相应职能

序号	内部机构名称	岗位工作标准
1	综合科	每日做好上呈下达工作、协调各部门完成上级下达任务；按计划开展工作，并做相应文字资料；定期向部门领导汇报财务收支情况，每月维护电脑网络系统；定期召开例会，开展学习，提高执法人员执法水平
2	停车管理科	收集相关资料，协调部门工作，完成上级下达业务工作；及时对举报无证经营停车场进行检查处理；定期召开例会，加强执法人员的学习，消除民警思想中存在的倾向性问题；督促民警完成停车场的设立申请审批工作，定期督查有关车辆的停放工作
3	交通秩序管理处	每周召开例会，通报工作完成状况和下周工作安排；了解每日政工状态和交通管理信息；定期对车辆进行检查，并召开支部党员大会；加强执法行为的监督，对违法违纪行为进行查处；定期对停车场进行检查
4	道路管理科	收集相关材料，做好上呈下达工作，协调各部门完成上级下达任务；及时对提案、意见、建议和来信来访进行回复；定期对公路进行检查，设置公交站点便于出行；每周召开例会，提高民警执法水平，消除其思想中存在的倾向性问题；根据交通出现的具体问题，制定相关方案进行解决，同时完成上级所交任务
5	交通管理设施处	贯彻落实党和国家制定的法律、法规和政策，完成各项工作；不断提高全体民警的思想觉悟，维护班子团结，提高行政效率；根据实际情况，制定工作计划，加强工作检查和考核

附表 2　交通事故处理处与相应职能

序号	内部机构名称	岗位工作标准
1	综合科	每周召开工作例会，组织学习，整理资料，上报工作并完成上级交办任务；每月对事故信息录入情况进行检查和审核；随时关注公安信息网站各类通知和文件，并通知主管领导和相关人员；加强资产管理，组织练兵活动，认真做好来访来信工作
2	快处指导科	每周召开工作例会，组织学习，整理资料，上报工作并完成上级交办任务；每日对民警、保险公司在岗人员进行督查，并做好记录；利用媒体、网络平台发布交通事故快处快赔动态信息；认真做好群众来信来访工作，并组织参与岗位练兵活动
3	案件指导复核科	每周召开工作例会，组织学习，整理资料，上报工作并完成上级交办任务；定期、不定期地对各大队执法水平进行评估；加强民警培训，提高办案水平；加快对案件的侦破并对案件的审案情况进行梳理、汇总，提出整改意见
4	事故预防科	每周召开工作例会，组织学习，整理资料，上报工作并完成上级交办任务；定期评比，召开会议提出可行性措施，分析交通事故成因并予以网络公布；推广交通经验，并对交通事故做统计分析；配合安监局年终对贵阳市交通管理局的检查工作

附表 3　法制处内部机构与相应职能

序号	内部机构名称	岗位工作标准
1	综合科	每周召开工作例会，汇报工作，开展组织学习，传达上级指示精神；定期审核、清理规范性文件和法律法规文件，并做备案工作；每周开展一次法制员培训和开展法律宣传教育工作；认真做好来信来访工作，完成上级交办的任务
2	行政刑事案件审核科	每周召开工作例会，组织学习，传达上级指示精神，完成上级交办任务；定期上报刑事案件，及时对各类行政、刑事案件进行审核；认真做好群众来信来访工作

续表

序号	内部机构名称	岗位工作标准
3	行政复议诉讼科	每周召开工作例会，组织学习，传达上级指示精神，完成上级交办任务；承办交管局所有的行政复议案件，提供当事人关于复议、诉讼等法律咨询；负责贵阳市小客车专段号牌的各项政策解释、回复、审核工作及组织实施工作；组织听证、做好行政诉讼证据的收集及与律师的对接工作
4	规范建设指导科	每周召开工作例会，组织学习，传达上级指示精神，完成上级交办任务；定期组织完善各类执法制度，强化执法监督；每季度组织民警开展全局执法质量考评工作；定期开展内部执法检查、及时开展网上执法考核、定期召开执法分析会等执法工作，并做好来信来访工作

附表4　勤务考核处内部机构与相应职能

序号	内部机构名称	岗位工作标准
1	综合科	每周召开工作例会，组织学习，整理资料，上报工作并完成上级交办任务；每月向领导汇报财务情况，并检查计算机安全使用情况；负责纪检监察工作，查处违纪案件；每半年清理核查固定资产，加强管理；每日检查督促窗口服务，受理群众来信来访
2	勤务管理科	每周召开例会，确定工作重点，传达上级精神，通报工作中存在的问题，完成上级交代的任务；每日对执法人员进行督查，并做好记录；及时纠正民警工作中存在的问题，组织其学习法律法规；掌握每月勤务考核，严格执行财物报支规定
3	工程车辆管理科	每日做好上呈下报工作，拟定各项工作计划，协调和督促上级部门下达的业务工作；定期整理交通资料，并对其复核审查；对危险物品通行路线，建立安全机制；定期对交通警务人员在岗在位、履行职责情况进行督查，完成上级领导交办的各项工作任务
4	考核科	每日做好上呈下达工作，组织学习，整理资料，拟定各项工作计划并完成上级交办任务；定期开展交通勤务评比、考核及通报，督促勤务大队依法查处交通违法行为；定期对单位民警、警务人员进行岗位督查，并做好记录

附表 5　监察室内部机构与相应职能

序号	内部机构名称	岗位工作标准
1	综合科	每日分析纪检监察工作情况及各类统计报表；起草监察室工作计划、总结、报告，承担文件管理和接待工作；协调纪委与市纪委、市局纪委和外单位的联系；落实党风廉政建设责任制和宣传与之相关教育；健全完善民主生活会制度和"三会一课"制度，完成上级交办的任务
2	案件审理科	加强对各单位的监督检查和党风廉政建设；负责调查工作人员的违纪违法案件；起草案件报告并提交交管局党委研究审批；负责审理交管局纪委调查案件，协助相关部门调查取证工作；负责交管局纪检监察案件的管理工作；积极完成领导交办的任务
3	警务督察队	督查突发事件处置情况，处罚和强制措施的实施情况；定期对民警使用工具和交通执法行为进行督查；对侵害民警正当执法权益案件进行督查，维护民警合法权益；定期开展警务评议活动，听取不同组织、群体的意见；对民警违法违纪行为进行及时处理并将结果反馈投诉人；积极完成领导交代的任务

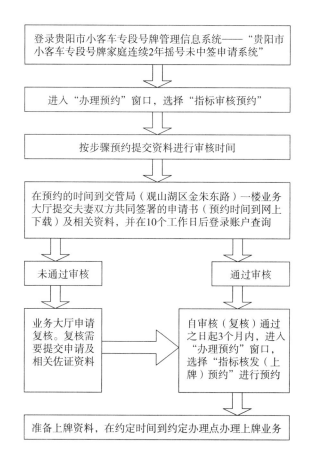

附图1 家庭号牌办理预约流程

后 记

记得是 2015 年夏季的一天，在与时任贵阳市公安交通管理局胡林副局长聊天时，他提到了该局实施的"数据铁笼"计划，这让原本的闲聊变成了即兴的访谈。众所周知，"大数据"是贵阳市一张响亮的名片，贵州也是我国第一个国家大数据综合试验区，在推动数据的"聚、通、用"、尤其是在运用大数据提升政府治理现代化水平方面，贵州省委省政府和贵阳市委市政府久久为功、不懈努力，成就显著。如何将贵州省的大数据故事讲清楚，进而基于经验展开学术研究，对于身在贵州的我等学人来说，责无旁贷。因此，在与胡林副局长聊天以后，我们共同成立课题组深入调研贵阳市公安交通管理局的"数据铁笼"计划。

课题组由时任贵阳市公安交通管理局俞洋局长、李昂副局长、胡林副局长以及有关处室负责人与贵州民族大学以及贵州大学的周恩宇、胡赣栋、段忠贤、徐健、汪磊和黄其松等联合组成。贵阳市公安交通管理局主要负责课题调研条件与经费保障，"数据铁笼"课题组主要负责课题的学术研究。对于"数据铁笼"，究竟应该关注什么？研究什么？对此，课题组进行了多次讨论。通过讨论，课题组达成了共识，即通过对贵阳市公安交通管理局"数据铁笼"案例的研究，尝试讨论大数据作用于权力监督的实现机制和理论价值等问题。基于此，课题组对调研方案进行了多次调整和修改，形成最终方案后付诸实施。在实地调研过程中，贵州大学政治学理论硕士研究生许强、杨志飞等同学参与了部分工作。时任贵阳市公安交通管理局俞洋局长、李昂副局长、胡林副局长、樊劲松处长等领导以及众位一线交警和工作人员对于调研给予了大力的支持与配合。在此，衷心表示感谢！

本书的写作是集体合作完成的。在课题组讨论的基础上，黄其松博士拟定了写作提纲和任务分工，具体执笔人分别是：第一章周恩宇博士、第二章胡赣栋博士、第三章段忠贤博士、第四章徐健博士、第五章汪磊博士、结论与讨论黄其松博士，全书由黄其松博士统稿。课题组原本邀请了张红春博士撰写了贵阳市交通管理局运用大数据提升政务服务能力的章节，但是考虑到本书重点关注权力的监督和制约，不得不忍痛割爱，放弃了该章的内容。对此，课题组对于张红春博士的付出深表感谢！需要特别说明的是，本书部分内容以论文的形式发表于《中国行政管理》2018 年第 12 期和《公共管理学报》2020 年第 3 期，特此向《中国行政管理》和《公共管理学报》杂志社致谢！

写作从来都是充满缺憾的，学术研究更是永无止境。课题组深知，本书仅仅是对大数据作用于权力监督实现机制的初步探索，还有诸多不尽如人意和需要进一步修改完善的地方，请各位读者不吝赐教。之所以把不成熟、不完善的作品出版出来，主要是希望能够引起大家对此领域的关注，同时也是对课题组初步研究的一次小结，以此鞭策课题组继续前行。

黄其松

2020 年 8 月于贵阳花溪